D1734402

2017 — 2021

DIE EUROPÄISCHE UNION ALS DEMOKRATISCHE FÖDERATION
Η ΕΥΡΩΠΑΪΚΗ ΕΝΩΣΗ ΩΣ ΔΗΜΟΚΡΑΤΙΚΗ ΟΜΟΣΠΟΝΔΙΑ
THE EUROPEAN UNION AS A DEMOCRATIC FEDERATION

Fritz Thyssen Stiftung
für Wissenschaftsförderung

CIΕEL

# Die Europäische Union als demokratische Föderation

**CHRISTOPH MÖLLERS**

**CHRISTOPH MÖLLERS**

Die Europäische Union als demokratische Föderation
Η Ευρωπαϊκή Ένωση ως δημοκρατική ομοσπονδία
The European Union as a democratic federation

## THYSSEN LECTURES IN GRIECHENLAND

Die Fritz Thyssen Stiftung setzt mit den »*Thyssen Lectures*« eine Tradition fort, die sie beginnend im Jahre 1979 nach Stationen in Deutschland auch an einer Reihe von Universitäten in Tschechien, Israel, der Russischen Republik und zuletzt in der Türkei initiiert hat.

Die Reihe in Griechenland wird über einen Zeitraum von vier Jahren unter der Leitung von Prof. Vassilios Skouris, dem ehemaligen Präsidenten des Europäischen Gerichtshofs und jetzigen Direktor des Zentrums für Europäisches und Internationales Wirtschaftsrecht (CIEEL), organisiert und ist dem Rahmenthema »Die EU als Europäische Rechts- und Wertegemeinschaft« gewidmet.

Die Europäische Union ist als eine Rechtsgemeinschaft entstanden, die von Anfang an gemeinsame Werte geteilt und verteidigt hat. Ging es ursprünglich um die Entwicklung und Vertiefung eines Gemeinsamen Marktes (später Binnenmarktes), so sind im Laufe der Jahre Grundwerte sichtbar geworden, die stark ausgebaut worden sind und heute ein solides Fundament bilden, insofern sie sowohl in den Verträgen über die Europäische Union und über die Arbeitsweise der Europäischen Union als auch in der Charta der Grundrechte der Europäischen Union ausdrücklich und ausführlich verankert sind. Diese Grundwerte, aber auch Recht und Gesetz als Grundlagen der Union werden in jüngster Zeit infrage gestellt – und mit ihnen verliert die europäische Idee an Attraktivität. Die schwelende Finanzkrise, die terroristischen Anschläge und die Flüchtlingsströme werden in den Augen vieler als Gefahr für den Integrationsprozess gesehen, lösen nationale Initiativen aus und stärken politische Bewegungen mit extremen Zielen und antieuropäischem Einschlag. Dieses Phänomen verdient eine vertiefte

Untersuchung aus historischer, ökonomischer, vor allem aber auch rechtswissenschaftlicher bzw. rechtspolitischer Sicht.

Ein Ziel dieser Förderung ist es, die Arbeit des Zentrums in Thessaloniki mit den wissenschaftlichen Partnern in Griechenland stärker zu vernetzen und dazu beizutragen, das Zentrum zu einem Ort des internationalen Austausches in der Rechtswissenschaft und in angrenzenden Disziplinen zu machen.

## ΔΙΑΛΕΞΕΙΣ THYSSEN ΣΤΗΝ ΕΛΛΑΔΑ

Το Ίδρυμα Fritz Thyssen συνεχίζει με τις «Διαλέξεις Thyssen» μια παράδοση, που ξεκίνησε το 1979 μετά από στάσεις στη Γερμανία και σε μια σειρά πανεπιστημίων στην Τσεχία, το Ισραήλ, τη Ρωσική Δημοκρατία και πρόσφατα στην Τουρκία.

Η σειρά στην Ελλάδα οργανώνεται για ένα διάστημα τεσσάρων ετών υπό τη διεύθυνση του καθ. Βασίλειου Σκουρή, πρώην προέδρου του Ευρωπαϊκού Δικαστηρίου και νυν διευθυντή του Κέντρου Διεθνούς και Ευρωπαϊκού Οικονομικού Δικαίου (CIEEL), και αφιερώνεται στο θέμα «Η ΕΕ ως Ευρωπαϊκή Κοινότητα Δικαίου και Αξιών».

Η Ευρωπαϊκή Ένωση δημιουργήθηκε ως κοινότητα δικαίου, η οποία από την αρχή μοιράστηκε και υπερασπίστηκε κοινές αξίες. Αρχικά στόχος ήταν η ανάπτυξη και η εμβάθυνση της κοινής αγοράς (αργότερα ενιαία αγορά), συνεπώς με την πάροδο των ετών ξεχώρισαν κάποιες θεμελιώδεις αξίες, οι οποίες ενισχύθηκαν και σήμερα αποτελούν ένα σταθερό θεμέλιο, δεδομένου ότι κατοχυρώνονται ρητώς και λεπτομερώς τόσο στις συμβάσεις για την Ευρωπαϊκή Ένωση και τον τρόπο λειτουργίας της Ευρωπαϊκής Ένωσης, όσο και στον Χάρτη Θεμελιωδών Δικαιωμάτων της Ευρωπαϊκής Ένωσης. Αυτές οι θεμελιώδεις αξίες, καθώς επίσης το δίκαιο και η νομοθεσία ως θεμέλια της Ένωσης τέθηκαν πρόσφατα σε αμφισβήτηση – και μαζί με αυτά η ευρωπαϊκή ιδέα χάνει την ελκυστικότητά της. Η υποβόσκουσα οικονομική κρίση, οι τρομοκρατικές επιθέσεις και οι προσφυγικές ροές θεωρούνται από πολλούς κίνδυνος για τη διαδικασία ολοκλήρωσης, προκαλούν εθνικές πρωτοβουλίες και ενισχύουν πολιτικές κινήσεις με ακραίους στόχους και αντιευρωπαϊκή κατεύθυνση. Το φαινόμενο αυτό αξίζει διεξοδική διερεύνηση από ιστορική, οικονομική, αλλά κυρίως από νομική και νομικο-πολιτική άποψη.

Ένας από τους στόχους αυτής της προσπάθειας είναι η περαιτέρω δικτύωση των εργασιών του Κέντρου στη Θεσσαλονίκη με επιστημονικούς συνεργάτες στην Ελλάδα και η συμβολή στο να γίνει το Κέντρο τόπος διεθνούς ανταλλαγής στον τομέα της νομικής επιστήμης και των συγγενών επιστημών.

## THYSSEN LECTURES IN GREECE

With the *"Thyssen Lectures"* the Fritz Thyssen Foundation is continuing a tradition that it initiated beginning in Germany in 1979 and followed by venues at a series of universities in the Czech Republic, Israel, the Russian Republic and, most recently, in Turkey.

The series in Greece is being organised for a period of four years under the leadership of Prof. Vassilios Skouris, former President of the European Court of Justice and current Director of the

7

Centre of International and European Economic Law (CIEEL), and is dedicated to the framework topic of »The EU as a community of European law and values«.

The European Union was conceived as a community based on the rule of law and has shared and defended common values from the very outset. Originally focusing on the development and deepening of a common market (later the internal market), fundamental values have emerged over time. These have been greatly strengthened and today offer solid foundations, explicitly enshrined in detail as they are both in the Treaties on the European Union and on the Functioning of the European Union and in the Charter of Fundamental Rights of the European Union. These fundamental values, but also the law and statute serving as the foundations of the Union, have recently been called into question – and there has been an erosion in the appeal of these values as well as the European idea. The lingering financial crisis, terrorist attacks and the influx of refugees are viewed by many as a threat to the process of integration, giving rise to national initiatives and strengthening political movements with extremist agendas and anti-European tendencies. This phenomenon warrants in-depth exploration from a historical and economic perspective, but above all also from a jurisprudence and legal-policy angle.

One objective underlying this support is to strengthen networking of the Centre in Thessaloniki in its work with scholarly partners in Greece and to contribute to making the Centre a place of international exchange in jurisprudence and related disciplines.

# I. FÖDERALISMUS ALS POLITISCHE EINHEIT?
## Ein transatlantischer Blick zur Einführung

Als *Thomas Jefferson* im Jahr 1801 sein Amt als dritter Präsident der Vereinigten Staaten von Amerika antrat, sah er sich mit der – von den Verfassungsvätern nicht vorhergesehenen – Tatsache konfrontiert, dass seine Wahl Ergebnis einer Auseinandersetzung zwischen politischen Parteien gewesen war.[1] Dass das Land sich in solche »Faktionen«, so der zeitgenössische Ausdruck, spalten sollte, war für Jefferson wie für die meisten seiner Zeitgenossen ein großes Unglück, mit dem er sich nicht abfinden wollte. Schließlich waren die Amerikaner alle für ein und dieselben moralischen und politischen Grundsätze der britischen Kolonialmacht entgegengetreten. Warum sollten sie also jetzt in Lager zerfallen? Und so stellte er in seiner Antrittsrede im März 1801 in später viel zitierten Worten fest:

> *»We have called by different names brethren of the same principle.*
> *We are all Republicans, we are all Federalists.«*[2]

Jeffersons Versuch, die politischen Gegensätze seiner Gegenwart in den Gemeinsamkeiten der amerikanischen Revolution aufzuheben, scheiterte. Der Streit zwischen »Republicans«, den heutigen Demokraten, und »Federalists«, den heutigen Republikanern, verschärfte sich in den nächsten Jahrzehnten. Er führte in einen blutigen Bürgerkrieg und etablierte politische Frontlinien, die in einer höchst bemerkenswerten Kontinuität das Land bis heute spalten.

Wenn sich die Europäische Union das traditionelle Motto der Vereinigten Staaten »E pluribus unum«[3] für das eigene Motto

»In Vielfalt geeint« zum Vorbild gemacht hat,[4] so scheint es auf den ersten Blick diese Geschichte zu übersehen oder zumindest zu unterschätzen.

Bei genauerem Hinsehen kann man die Geschichte der politischen Spaltung der USA freilich auch anders erzählen – und so erzählt mag sie uns für das Verständnis der aktuellen konstitutionellen Probleme der EU weiterhelfen. Denn so brutal und konfliktreich die Geschichte der Vereinigten Staaten ist, so sehr ist sie nicht anders denkbar denn als eine Geschichte, in der sich eine politische Gemeinschaft entlang genau der Fragen findet, um die sie sich gemeinsam streitet. Anders formuliert hat die Auseinandersetzung zwischen Föderalisten und Republikanern damals ebenso wie diejenige zwischen Republikanern und Demokraten heute das Land eben nicht nur auseinandergebracht, sondern vielerlei andere soziale Unterschiede und politische Konflikte innerhalb einer großen und heterogenen Gesellschaft gebündelt: Unterschiede zwischen Agrar- und Industrieinteressen, zwischen Stadt und Land, zwischen Norden und Süden, zwischen Ethnien und zwischen außenpolitischen Idealen, die mehr oder weniger freundlich gegenüber der alten Kolonialmacht Großbritannien sein wollten.[5] Die USA sind auch dadurch zum Vorbild aller demokratischen Föderationen geworden, dass es ihnen mit der Verdoppelung politischer Prozesse gelingen konnte, die unüberschaubare Vielfalt an Interessen und Präferenzen zu einer demokratischen Gemeinschaft zu bündeln.[6] Inwieweit diese Idee einer demokratischen Föderation auch für die europäische Integration von Bedeutung ist, will ich im Folgenden untersuchen.

Auf den ersten Blick spricht nicht viel dafür, dass sich die Europäische Union in gleicher Weise entwickeln wird, wie es die Vereinigten Staaten getan haben. Immerhin mögen manche Teile der amerikanischen Geschichte den heutigen Europäern sehr bekannt vorkommen: der lange Kampf um die Entstehung eines einheitlichen diskriminierungsfreien Wirtschaftsraums, der das ganze 19. Jahrhundert durchzog,[7] die langsame Entstehung von Bundesbehörden,[8] die politische Kritik an einem Gerichtshof, dem U.S. Supreme Court, auf Ebene des Bundes,[9] der sich zuallererst als Hüter der Rechtseinheit verstand (und dieses Anliegen mitunter deutlich übertrieb wie zu Beginn des Amerikanischen Bürgerkriegs),[10] oder die brutale politische Auseinandersetzung um eine nationale Zentralbank.[11] Vergleicht man diese Entwicklungen mit den institutionellen Schritten, die die EU in den letzten Jahrzehnten genommen hat, dann kommt einem die europäische Entwicklung entgegen einem gängigen Vorurteil geradezu rasend schnell vor. So dürfte es keine Epoche in der amerikanischen Rechts- und Verwaltungsgeschichte geben, in der sich die Institutionen des Bundes so schnell entwickelt haben wie die europäische Integration in den gut drei Jahrzehnten zwischen der Verabschiedung der Einheitlichen Europäischen Akte 1987 und der EU des Jahres 2019 – eine Epoche, in der sowohl die Entscheidungsverfahren als auch ganze Politikbereiche, nicht zuletzt für einen wesentlichen Teil der Mitgliedstaaten eine gemeinsame Währung, integriert wurden.[12] Aus dieser vergleichenden Sicht, die eine längere historische Perspektive einnimmt, erscheint die Dynamik der europäischen Integration, ihre Fähigkeit, sich weiter zu entwickeln, ungebrochen zu sein. Zugleich sieht der Weg, den sie genommen hat, nicht kategorial anders aus als derjenige der USA.

Nicht selten haben sich die Akteure des europäischen Integrationsprozesses, sei es bewusst oder unbewusst, sogar bei der amerikanischen Geschichte bedient: so, wenn sich nationale Verfassungsgerichte vorbehalten, im Namen der Kompetenzordnung Unionsrecht nicht anzuwenden[13] – und damit verfassungstheoretische Argumente wiederverwerten, die im amerikanischen Süden vor dem Bürgerkrieg maßgeblich von *John C. Calhoun*, einem politisch und intellektuell einflussreichen Senator und vormaligen Vizepräsidenten aus South Carolina, entwickelt wurden.[14]

Allerdings gibt es andere Phänomene der europäischen Integration, die sich bis heute ganz und gar nicht der Entwicklung der USA anzugleichen scheinen – und zu diesen gehört auch die Frage von Einheit und Spaltung der EU in überschaubare und konfliktfähige politische Lager. Dass die Europäische Union heute eine Vielzahl von Krisen durchläuft, kann niemanden verwundern, der die Geschichte von Föderationen kennt, die sich immer schon durch solche Krisen fortentwickelt haben. Dass sich die aktuellen Konflikte aber so wenig entlang einheitlicher politischer Frontlinien bewegen, ist auf Dauer vielleicht das größte Problem der Integration.[15] Denn heute sind wir Europäer nicht nur Griechen oder Deutsche, Rechte oder Linke, Pro-Europäer oder Euroskeptiker und vielleicht sogar Demokraten oder Autoritäre. Wir sind all dies in den verschiedensten Kombinationen. Es gibt griechische und deutsche, linke und rechte, ja vielleicht sogar demokratische und autoritäre Europaskeptiker und Pro-Europäer. Ganz unterschiedliche, aber allesamt sehr grundsätzliche politische Konflikte scheinen sich in der Europäischen Union nicht in der Form zu bündeln, die es trotz aller Verwerfungen erst möglich gemacht haben, dass aus den zerklüfteten Vereinigten Staaten eine wirkliche politische Gemeinschaft wurde.[16] Eine demokratische Föderation aber wäre eben genau das: ein Zusammenschluss politischer Gemeinschaften, der eine neue politische Gemeinschaft schafft, ohne dass die alten aufhören zu existieren.

Wie wichtig eine Bündelung politischer Konflikte in einer einheitlichen Willensbildung ist, haben wir in den letzten Monaten am Fall des *Brexit* erlebt.[17] Viel war vom Chaos in der britischen Politik die Rede. Aber wenn man genauer hinschaut, hat sich hier eine institutionelle Logik entfaltet, die stärker ist als die Intentionen der Beteiligten: Wir sehen ein politisches System, das selbst mit Mehrheitswahlrecht bei den letzten Unterhauswahlen keine klare Regierungsmehrheit hervorgebracht hat, das zudem ein knappes Ergebnis in der Volksabstimmung produzierte, in der zwar nur rund 52 Prozent der Abstimmenden für den *Brexit* stimmten,[18] aber ein deutlich größerer Anteil der Wahlkreise, und in dem das Fehlen einer Regel zum Verhältnis von direkter zu parlamentarischer Willensbildung eine Entscheidungsbildung quasi unmöglich machte.[19]

Aber geht es dabei auch um ein Problem des Föderalismus? Durchaus, denn eines der zentralen Probleme der politischen Willensbildung im Vereinigten Königreich liegt in der mangelhaften Organisation subnationaler Interessen in der britischen Verfassungsordnung, namentlich der Interessen von Schottland und Nordirland.[20] Diese fehlende Einbeziehung hat nicht nur dafür gesorgt, dass die Regierung über keine eigene parlamentarische Mehrheit verfügt, sondern sie liegt auch im Herzen des zentralen sachlichen Problems bei den Verhandlungen: der Frage der irisch/nordirischen Grenze als einer Außengrenze der Europäischen Union.[21] Auch hier zeigt sich, wie wichtig und schwierig die Organisation politischer Willensbildung in einer föderalen Vielfalt ist.

Im Folgenden soll es um das Problem der politischen Willensbildung in Europa aus der Sicht eines Modells des demokratischen Föderalismus gehen. Dazu wird zunächst die Idee einer Verfassung der demokratischen Föderation zu entwickeln sein (II.), um dann zwei konkrete Probleme anzusprechen: die Frage einer europäischen Regierung (III.) und das dringende Problem des Umgangs der EU mit politisch grundlegend abweichenden Mitgliedstaaten (IV.).

## II. DEMOKRATISCHE FÖDERATIONEN

### 1. EIN FÖDERALER VERFASSUNGSBEGRIFF

Der Begriff Föderation scheint in verschiedenen Sprachen und Kulturen geradezu entgegengesetzte Assoziationen zu erzeugen. Während man in Deutschland mit Föderalisierung eine besondere Form der De-Zentralisierung bezeichnet,[22] scheint der Begriff in anderen Sprachen, namentlich im Englischen, auf die zentrale Ebene und ihre Ermächtigung zu verweisen.[23] Die Europäische Union als »Föderation« zu bezeichnen, kann dann als zentralistische Anmaßung oder als Ausdruck fehlender institutioneller Sensibilität verstanden werden, so als würde die EU nichts anderes sein als ein Bundesstaat. Nicht zufällig wurde der Begriff, den *Robert Schuman* sich für die frühe Integration gewünscht hatte, aus den Gründungsverträgen wieder herausgestrichen.[24] Er schien zu sehr eine Teleologie hin zur Staatsgründung zu suggerieren.

Wenn man sich die Entwicklung föderaler Gebilde wie der Vereinigten Staaten, der Schweiz, des deutschen Reichs im 19. Jahrhundert oder eben auch der EU nach dem Zweiten Weltkrieg anschaut und versucht, Föderation als einen Gattungsbegriff für diese Gemeinschaften zu entwickeln, so mag das aber dabei helfen, einen anderen Blick auch auf die Entwicklung der EU zu gewinnen, gerade einen, der von jedweder notwendigen Teleologie befreit, indem er Entwicklungen typisiert, ohne sie von ihrem möglichen Ende her zu denken.[25] Zwei Elemente, die in der neueren verfassungsvergleichenden Debatte eine besondere Rolle spielen, möchte ich dabei hervorheben:

*Zum Ersten* zeichnen sich Föderationen dadurch aus, dass die Frage der souveränen Letztentscheidungsgewalt in ihnen offengelassen wird.²⁶ Auf die Frage, welche Ebene souverän ist, gibt es keine einfache und klare Antwort, vielmehr ist sie politisch in aller Regel umstritten und institutionell nicht zu beantworten. Dies scheint auch für die EU zu gelten. Der alte Streit zwischen Anhängern mitgliedstaatlicher Souveränität und den Unterstützern der Autonomie des Unionsrechts wird in absehbarer Zeit keine Auflösung finden: Die einen können sich auf die völkerrechtliche Souveränität der Mitgliedstaaten und auf die Notwendigkeit berufen, Änderungen der Verträge im Konsens zu beschließen.²⁷ Die anderen werden darauf hinweisen, dass der Blick auf die Vertragsänderung die rechtliche Dynamik der europäischen Integration nicht einfangen kann, weil die Unionsorgane die Reichweite ihrer Kompetenzen zuallererst selbst auslegen müssen. Selbst die Mitgliedstaaten handeln, wenn sie in den verschiedenen Ratsgremien sitzen, ganz anders als souveräne Einzelstaaten, nämlich als bereits vergemeinschaftete Kooperationspartner. So gesehen sind Fragen nach der Letztentscheidungsgewalt zwischen politischen Organen oder auch zwischen Gerichten wie dem Gerichtshof und den nationalen Verfassungsgerichten falsch gestellt.²⁸ Die Frage der Souveränität mündet in einen permanenten Aushandlungsprozess – wie wir ihn aus anderen föderalen Ordnungen wie denjenigen der USA oder der Schweiz kennen.

Mit einem solchen Verständnis hängt, *zum Zweiten*, ein politischeres Verständnis der gesamteuropäischen Kompetenzordnung zusammen.²⁹ Die gerade in Deutschland verbreitete Vorstellung, die Kompetenzen verschiedener politischer Ebenen könnten durch Rechtssätze abschließend definiert und dann der gerichtlichen Kontrolle übergeben werden, trifft nicht zu. Diese Vorstellung herrscht in politisch stark konsolidierten Bundesstaaten wie der Bundesrepublik Deutschland vor, in der die Frage, welche Ebene eine Entscheidung treffen soll, keine grundlegenden politischen Konflikte mehr provozieren kann.[30] Eine solche legalistische Vorstellung ist aber für solche föderale Gebilde untypisch und unangemessen, in denen genau diese Frage der Zuständigkeit einer Ebene politisch sensibel ist. Das bedeutet nicht, dass Kompetenznormen nicht auch in solchen Ordnungen einen rechtlichen Gehalt hätten, der von Gerichten überprüft werden könnte. Aber es bedeutet durchaus, dass diese Prüfung anders funktioniert als zum Beispiel eine Grundrechtsprüfung, weil die Kompetenzprüfung eine zurückgenommene Intensität und eine hohe Sensibilität für die politische Willensbildung in den föderalen Ebenen haben muss. Die Kompetenzprüfungen des amerikanischen Supreme Court, die nach dem New Deal jahrzehntelang nicht zu einer Aufhebung von Bundesakten durch den U.S. Supreme Court führten, sind hierfür ein bekanntes Beispiel,[31] aber solche Aspekte finden sich auch in der Europäischen Union.[32] Die Verteilung der Kompetenzen erweist sich als politisch beweglich, ohne deswegen beliebig zu werden. Ein solches Verständnis der Auslegung von Kompetenzen muss auch nicht immer zugunsten der Ebene der EU wirken. Wenn sich in den Mitgliedstaaten politischer oder verfassungsrechtlicher Widerstand regt, wird sich auch der EuGH überlegen müssen, zu welchen Konflikten er bereit und in der Lage ist.[33]

## 2. EIN POLITISCHER VERFASSUNGSBEGRIFF FÜR DIE EU

Wenn man sich auf eine solche Sicht der Dinge einlässt, dann hat dies Folgen für den Begriff der europäischen Konstitutionalisierung. Denn die Entstehung föderaler politischer Gemeinschaften erinnert daran, dass eine Verfassung nicht einfach nur eine Rechtsnorm ist, sondern auch ein politisches Gründungsdokument, und dass der Prozess der Konstitutionalisierung nicht einfach als reine Verrechtlichung verstanden werden kann, die die Mitgliedstaaten immer weiter mit Regeln umfasst.[34]

Ein auch politisches Verständnis des Verfassungsbegriffs wird gerade von Europarechtlern gerne übersehen, weil diese lange Zeit in der Tradition *Walter Hallsteins* sehr darauf gesetzt haben, den Prozess der europäischen Konstitutionalisierung als einen rein rechtlichen zu sehen: Je mehr einheitliche Regeln die Mitgliedstaaten in die Institutionen der EU einbinden, und je mehr gemeinsame subjektive Rechte die Bürgerinnen und Bürger Europas haben, desto mehr scheint es gerechtfertigt, von einer europäischen Verfassung zu sprechen: Die europäische Integration konstituiert eben in den Worten *Hallsteins* eine »Rechtsgemeinschaft«.[35]

Dass die revolutionäre Verfassungstradition Frankreichs und der Vereinigten Staaten, auf die sich die Europäer, wenn sie ihnen gerade passt, so gerne beziehen, vornehmlich eine war, die Politik ermöglichen sollte, geriet dabei lange Zeit in den Hintergrund. Konstitutionen begrenzen aber nicht nur einen politischen Prozess, der schon vorhanden ist, sie konstituieren diesen, sie schaffen ihn, und das bedeutet mit Blick auf das Verhältnis von Recht und Politik: Konstitutionen errichten eine neue politische Gemeinschaft und es gehört zu ihren Funktionen, die so geschaffene Politik entscheidungsfähig auszugestalten. Die Entstehung des Europäischen Parlaments und der Umstand, dass die politische Willensbildung innerhalb des Parlaments sich heute von der mitgliedstaatlichen Herkunft der Abgeordneten gelöst hat, sodass politische Orientierung wichtiger ist als Staatsangehörigkeit,[36] ist nur ein Beispiel für eine politisch verstandene europäische Konstitutionalisierung.[37]

All dies ist, wie wir sehen werden, rechtlich nicht unbedeutend, weil es uns daran erinnern wird, dass zum Schutz der europäischen Verfassung eben nicht nur rechtsstaatliche Elemente gehören, sondern auch demokratische.[38] Ein solches nicht rein juristisches Verfassungsverständnis erklärt auch die Verfasstheit einer europäischen Föderation besser, die aus einer Vielfalt selbstständiger demokratischer Prozesse besteht, die nicht aus einer einheitlichen Legitimationsquelle kommen, sondern aus verschiedenen originären politischen Prozessen.

### 3. PLURALE ZUGEHÖRIGKEITEN

Diese politische Vielfalt gewinnt in der EU dadurch weiter an Komplexität, dass die Bürger Europas jenseits aller sozialen und politischen Unterschiede ganz verschiedene Vorstellungen davon haben, welche politische Identität für sie entscheidend ist. Viele Europäer verstehen sich zuallererst als Bürger ihres eigenen Mitgliedstaates, doch gibt es auch viele andere, die sich eher als Europäer denn als Staatsangehörige verstehen, wieder andere werden – wie in Katalonien, Schottland, mit Abstrichen auch in Bayern oder Flandern – ihre primäre Zugehörigkeit in einem föderalen Gliedstaat ansiedeln. Diese unterschiedlichen Präferenzen sind deswegen wichtig, weil sich an ihnen die Akzeptanz unterschiedlicher Entscheidungsregeln auf den verschiedenen Ebenen bemisst. Wer sich zuvörderst als Angehöriger eines Mitgliedstaates versteht, wird die Einstimmigkeitsregeln auf der europäischen Ebene begrüßen, wer sich als Europäer sieht, eher nicht. Wenn die Zugehörigkeiten aber zersplittert sind, gibt es keine eindeutige Regel mehr, die die Frage beantworten kann, auf welcher Ebene welche Entscheidungen mit welchen Regeln politisch legitim entschieden werden können.[39] Auch an solchen Problemen dürfte es liegen, dass die tatsächlich geltenden Entscheidungsregeln namentlich im Rat so komplex sind, dass sie kaum jemand versteht. Dies ist eine schwere demokratische Hypothek für die Union. Man könnte auch sagen: Klare und allgemeinverständliche Regeln sind für politische Verfahren, die der Einbeziehung aller dienen müssen, ein zentrales Element gelingender Konstitutionalisierung.

So vorbereitet können wir uns jetzt zwei Beispielen zuwenden, die als aktuelle Krisen der föderalen Struktur der EU verstanden werden können. Ich wähle unter vielen anderen möglichen ein grundsätzlicheres, die Frage nach einer europäischen Regierung (III.), und ein aktuelleres, aber auch systematisch zentrales, die Frage nach dem Umgang mit politisch abweichenden Gliedern einer Föderation (IV.).

## III. DAS PROBLEM EINER EUROPÄISCHEN REGIERUNG

### 1. REGIERUNG IN FÖDERALEN ORDNUNGEN

Die Institution einer »Regierung« ist keineswegs souveränen Staaten vorbehalten.[40] Regionen, Gliedstaaten, aber auch Gemeinden haben in den meisten Fällen eine identifizierbare politische Führung, die auch dann die politische Orientierung des Gemeinwesens anleitet, wenn die betreffende Körperschaft nur über einen begrenzten Kompetenzbestand verfügt. Eine Regierung ist kein Attribut souveräner Staaten.

Von dieser Regel gibt es allerdings eine Ausnahme, nämlich internationale Organisationen.[41] Internationale Organisationen verfügen in der Regel über eine rein administrative Leitung, diese Stellen heißen nicht zufällig »Sekretariate«.[42] Sie können im Prinzip keine eigene politische Legitimation beanspruchen, sondern müssen als Hilfsorgane der souveränen Staaten verstanden werden, die in ihrer Gesamtheit für die politische Führung der internationalen Organisation zuständig sind. In föderalen Ordnungen dagegen wird die Institution der Regierung vervielfacht, hier wiederholen sich mitunter sogar die Titel der Regierungschefs, in jedem Fall die Organisationsformen, in denen auf zentraler und gliedstaatlicher Ebene gleichzeitig mit- oder gegeneinander regiert wird. Der Unterschied zwischen einer föderalen Organisationsform und bloßer De-Zentralisierung besteht gerade darin, dass es in ersterer politische Organe auf beiden Ebenen geben muss.[43]

Zugleich ist in föderalen Ordnungen die Funktion der Regierung gerade in der Frühphase stets heikel. Dies gilt insbesondere für eine klassische Funktion der Regierung: die Pflege der Außenbeziehungen. So haben föderale Gebilde wie das frühe Deutsche Reich noch über Jahrzehnte nach der Gründung eigene Botschaften von Gliedstaaten wie Preußen oder Bayern unterhalten.[44] Heute noch finden sich solche Strukturen etwa in Belgien, dessen Gliedstaaten nicht nur eigene Außenvertretungen zu anderen Staaten unterhalten, sondern dessen gliedstaatliche Parlamente auch völkerrechtlichen Verträgen zustimmen müssen.[45] Auch das deutsche Verfassungsrecht kennt Reste solcher Strukturen, beispielsweise wenn ein Landesminister als Vertreter der gesamten Bundesrepublik im Rat der Fachminister sitzt und Rechtsakte aushandelt, zu bestimmten Fragen wie dem Rundfunkrecht.[46] Dass eine solche Struktur die föderale Vielfalt wirklich nach außen abbildet, wird man jedenfalls für solche Fälle bezweifeln, in denen die so gestalteten internationalen Beziehungen einheitlich für die ganze Föderation gelten sollen. Hier gilt die Maxime *James Madisons* aus Nr. 42 der Federalist Papers:»*If we are to be one nation in any respect, it clearly ought to be in respect to other nations.*«[47] Für die EU freilich gilt diese Maxime noch lange nicht.

## 2. AUF DER SUCHE NACH EINER REGIERUNG DER EU

Die EU war bereits in ihren Anfängen als Montanunion und Europäische Wirtschaftsgemeinschaft ein Sonderfall, denn die Hohe

Behörde der EWG, die spätere Kommission, war von vornherein mehr als ein bloßes Sekretariat einer internationalen Organisation.[48] Dieses »Mehr« bezog sich freilich zunächst weniger auf den politischen Prozess als auf die für internationales Recht ungewöhnlichen Ausführungskompetenzen der Kommission, insoweit war sie näher an staatlichen Verwaltungen als an einer europäischen Regierung.[49] Durch das schon im ersten EWG-Vertrag vorgesehene Vorschlagsmonopol bekam die Kommission aber auch den ungewöhnlich politischen Auftrag, für die Weiterentwicklung der Integration zu sorgen, wenn auch im Rahmen der vertraglichen Grundlagen.[50] Würde man von diesem institutionell starken Ausgangspunkt eine lineare Entwicklungslinie bis in die 1980er Jahre ziehen, in die man auch die Entwicklung des Europäischen Parlaments einbaut, so hätte man erwarten können, dass auf der Ebene der EU die Europäische Kommission zu einer europäischen Regierung hätte werden sollen – und zwar völlig unabhängig von der Frage, wie viele Kompetenzen die Mitgliedstaaten aufzugeben bereit waren. *Walter Hallstein* hatte sich als Kommissionspräsident schon in den 1960er Jahren in einem Interview als »Premierminister« der EU bezeichnen wollen, war aber von den Mitgliedstaaten zurückgehalten worden.[51] Den Höhepunkt ihrer institutionellen Bedeutung erreichte die Kommission mit dem »Weißbuch zur Vollendung des Binnenmarktes« unter *Jacques Delors* Mitte der 1980er Jahre.[52]

Dass es danach nicht zu einer Gouvernementalisierung der Kommission kam, hängt mit der sich immer weiter verstärkenden direkten politischen Zusammenarbeit der mitgliedstaatlichen Regierungen innerhalb der EU zusammen. Sowohl die im Vertrag von Maastricht vorgesehenen neuen Politikbereiche als auch die sich langsam aufbauende Institutionalisierung des Europäischen Rates als einer Art informellen Supergremiums, in dem politisch sowohl die Kompetenzen aller Ratsgremien als auch die vertragsändernde Gewalt der Mitgliedstaaten aufgehoben sind, haben den Aufstieg der Kommission aufgehalten.[53] Formalisiert wurde diese Entwicklung mit dem Vertrag von Lissabon, in dem neben den Kommissionspräsidenten (und die rotierende mitgliedstaatliche Ratspräsidentschaft)[54] das Amt eines Präsidenten des Rates trat. Damit hatte die EU mindestens zwei Präsidenten und so das Prinzip einer geteilten Regierung formell ratifiziert.[55]

Wenn man sich heute fragt, wer in der EU Regierungsfunktionen einnimmt, so wird man darauf ganz unterschiedliche Antworten geben müssen.[56] Die Kommission verfügt weiterhin über das Initiativrecht für Gesetzgebung, aber dieses ist mehr und mehr von Ratsorganen usurpiert worden.[57] Die Kommission kann in manchen Gebieten weittragende administrative Entscheidungen treffen und auch internationale Beziehungen definieren, etwa auf den Gebieten des Wettbewerbsrechts und des internationalen Handelsrechts. Zugleich werden viele außenpolitische Fragen von Ratsgremien, manche aber letztlich nur von einzelnen mächtigen Mitgliedstaaten gestaltet, wie etwa die politisch sehr wichtigen Verhandlungen mit der Ukraine. Mindestens vier Gremien kommen im Ergebnis in den Sinn: die Kommission, die Ratspräsidentschaft, der Präsident des Rates und der Europäische Rat.

Viele Legitimationsprobleme der EU resultieren aus dieser Fragmentierung. Symbolisch dient die Bestimmung einer Regierung einerseits der Definition einer Stelle, die politische Führung übernimmt, und andererseits einer, die für die politische Entwicklung zur Verantwortung gezogen werden kann.[58] Dies ist nach außen und nach innen wichtig. Es beantwortet die Frage, an wen sich ausländische Mächte richten sollen, ebenso wie die Frage, zu wem andere Institutionen politisch in Konkurrenz treten.

An einem Beispiel: Die Macht des Vorsitzenden der *Federal Reserve*, des Präsidenten der US-amerikanischen Zentralbank, ist nur legitim, soweit sie im Verhältnis zum Präsidenten der Vereinigten Staaten ausgeübt wird. Auch wenn die Bank von der Regierung formell unabhängig ist, muss es doch ein Kontrastverhältnis zwischen demokratischer und expertokratischer Gewalt geben, damit die expertokratische Macht der Bank politisch akzeptabel werden kann. Die EU hat es geschafft, eine sehr mächtige Zentralbank mit einem mächtigen Präsidenten einzuführen, dem kein klares politisches Gegenüber entspricht.[59] Dadurch wird die Legitimation der Bank ganz unabhängig von der Frage, welche Entscheidungen sie trifft, in Frage gestellt, weil ihre Unabhängigkeit nicht in einen klar verantworteten politischen Prozess eingebettet ist, sondern in eine diffuse Form von parallel laufenden Willensbildungen. Wenn sich dann sogar abzeichnet, dass sich die Willensbildung in den internen Gremien der EZB entlang nationaler mitgliedstaatlicher Interessen entwickelt, wenn es also in unseren Worten innerhalb der expertokratischen Agentur eine Art demokratischer Föderalisierung gibt, dann lässt sich für die Unabhängigkeit der EZB schwerlich noch eine überzeugende Rechtfertigung finden.

Es ist an diesem Punkt noch einmal deutlich hervorzuheben, dass das Problem einer fehlenden Regierung systematisch nichts mit der Fülle von Kompetenzen zu tun hat, die einer Körperschaft zusteht. Auch für eine stark in ihren Kompetenzen beschränkte politische Herrschaftsgewalt kann man eindeutige politische Verantwortlichkeiten schaffen. Doch wurde diese Einsicht im politischen Integrationsprozess nie institutionell relevant. Vielmehr ist es typisch für die europäische Integration, dass der Gegensatz zwischen der Ebene der Mitgliedstaaten und der Ebene der EU in die Organisation der EU selbst eingebaut wurde. In der EU gibt es nicht nur eine legislative Staatenvertretung, wie in allen föderalen

Ordnungen,[60] sondern auch ein undurchsichtiges Nebeneinander von unionseigenen, supranationalen und mitgliedstaatlich intergouvernementalen Organisationsformen.

Dies führt auch zu dem seltsamen Ergebnis, dass in den politischen Debatten der Mitgliedstaaten sehr oft »die EU« für Entscheidungen verantwortlich gemacht wird, die maßgeblich von den Mitgliedstaaten getroffen (oder vermieden) wurden, an denen aber die eigentlichen supranationalen Organe kaum einen Anteil hatten. Weder die Eurokrise noch die Migrationskrise wurden wesentlich von der Kommission gestaltet.[61] In dieser Form wird »die EU« also zu einem Objekt politischer Zurechnung von Verantwortung, der keine Verfassung der unionseigenen Organe entsprechen würde, die diese Verantwortung tatsächlich wahrnehmen könnten. Dies ist maßgeblich der Fall, weil es an einer Regierung fehlt. Hier ergibt sich ein Paradox: Die EU ist in ihrem Kompetenzbestand so mächtig, dass die Mitgliedstaaten diese Macht nur hinzunehmen bereit sind, wenn sie an der Ausübung der Kompetenzen teilnehmen.[62] Im Ergebnis bedeutet dies, dass das Konzept der Regierung für die EU aufgegeben wird.

### 3. POLITISCHE ROLLE FÜR DIE EUROPÄISCHE KOMMISSION?

Diese Entwicklung ist umso bemerkenswerter, weil die Europäische Kommission in den letzten Jahren mehr und mehr öffentlich mit dem Anspruch aufgetreten ist, als ein politisches Organ wahrgenommen zu werden.[63] Eine politische Kommission müsste aber den Anspruch erheben, als eine Art Regierung der EU zu fungieren. Die Frage ist nun aber, woher unter den aktuellen politischen und rechtlichen Bedingungen eine solche politische Rolle der Kommission kommen könnte.

Eine *erste* Antwort könnte sich aus genuin politischen, also parteipolitischen, Präferenzen der Kommission ergeben. Freilich ist die Zusammensetzung der Kommission das Produkt eines komplexen mitgliedstaatlichen und parteipolitischen Proporzes.[64] Es ist deswegen nicht möglich, sie als eine politische Kommission im Sinne einer bestimmten politischen Orientierung zu verstehen. Sie bleibt auch nach den Europawahlen 2019 ein allparteienkoalitionäres Projekt. Das muss es nicht ausschließen, Regierungsfunktionen einzunehmen, schließlich gibt es in vielen Nationalstaaten, auch in EU-Mitgliedstaaten wie Deutschland, Regierungen, die mithilfe einer letztlich programmatisch diffusen großen Koalition regiert werden.[65] Noch näher an dem europäischen Fall dürfte der Schweizer Bundesrat liegen, der seit dem Jahr 1959 eine durch eine Proporzformel ermittelte Zusammensetzung hat.[66] Man mag sich fragen, wie in der Schweiz politische Führung funktioniert. In jedem Fall bietet der Bundesrat eine interessante institutionelle Perspektive für die künftige Entwicklung der Kommission. Zugleich bleibt es bis auf Weiteres dabei, dass die Schweiz zwar keine solche direkte Politisierung ihrer Regierungsfunktion kennt wie die meisten anderen Staaten, dass sie aber eben doch anders als die Kommission als Regierung fungiert und sich eine weitere Politisierung namentlich über das wichtige Institut der Volksabstimmung beschafft.[67]

*Zum Zweiten* könnte man die beanspruchte politische Funktion der EU weniger parteipolitisch als institutionell verstehen. Dann würde das politische Anliegen der Kommission darin bestehen, eine Agenda für die Weiterentwicklung der EU zu formulieren. Bemerkenswerterweise hat die Kommission sich genau dieser Aufgabe letztlich verweigert, indem sie in ihrem »Weißbuch zur Zukunft Europa« im März 2017 fünf verschiedene Szenarien für die institutionelle Weiterentwicklung der EU entworfen hat, ohne eines von diesen ausdrücklich zu unterstützen.[68] Dieser bemerkenswerte Schritt widerspricht nicht nur der Idee politischer Führung, die sich mit dem Anliegen einer politischen Kommission verbinden müsste. Sie geht sogar hinter die traditionelle Rolle der Kommission seit den Römischen Verträgen zurück, in der die Kommission jedenfalls die Rolle hatte, über eigene Initiativen zu entscheiden, nicht aber unterschiedliche Möglichkeiten auszuarbeiten, zwischen denen die Mitgliedstaaten dann hätten auswählen können. Vielmehr unterstellt das traditionelle Verfahren, dass sich die vorschlagende Kommission mit ihrem Vorschlag politisch identifiziert.[69]

Auf der Suche nach einer genuin politischen Rolle der Kommission wird man vielleicht, *zum Dritten*, an anderer Stelle fündig: Die Kommission versteht sich mehr und mehr als Moderator zwischen mitgliedstaatlichen Konflikten.[70] Dazu ist sie auch bereit, ihre in den Verträgen vorgesehene Aufgabe als Aufseher der Rechtstreue der Mitgliedstaaten[71] hintanzustellen und Kompromisse dadurch zu ermöglichen, dass Mitgliedstaaten von ihren unionsrechtlichen Pflichten befreit oder Rechtsbrüche nicht von der Kommission verfolgt werden. Solches ließ sich sowohl im Blick auf die europäische Schuldenkrise als auch auf die Migrationskrise beobachten.[72] Nun ist es eine Sache, eine Föderation so auszugestalten, dass ihre Glieder angesichts eines dichten Netzes an rechtlichen Verpflichtungen flexibel auf besondere Herausforderungen reagieren können. Es ist eine andere Sache, ob man die Gewährung solcher Flexibilität als politische Führung ansehen kann. Bei Lichte gesehen stellt sich sowohl die Rolle der Kommission als »ehrlicher Makler« zwischen den mitgliedstaatlichen Regierungen als auch das dazu eingesetzte Instrument der Aufweichung von Rechtspflichten als ein Rückschritt von der bereits erreichten supranationalen Struktur hin zum klassischen Recht internationaler Organisationen dar. Zwischen den Mitgliedstaaten zu vermitteln, ist eine Aufgabe der

Sekretariate internationaler Organisationen, die keinen politischen Führungsanspruch erheben können.[73] So ist es kein Wunder, dass der Einsatz völkerrechtlicher Instrumente gerade in der Eurokrise immer wichtiger geworden ist.[74] Mit der Rückbesinnung auf völkerrechtliche Formen tritt die Frage nach dem Ort der Regierung in den Hintergrund. Das Legitimationsproblem, das sich aus deren Fehlen ergibt, ist damit aber nicht gelöst. Ganz im Gegenteil scheint es sich zu verschärfen.

## IV. DER UMGANG MIT ABWEICHENDEN MITGLIEDSTAATEN

Ein zweites dringliches Problem, das typisch für demokratische Föderationen ist, liegt im Umgang mit politisch fundamental abweichenden Mitgliedstaaten.

### 1. EIN UNGELÖSTES PROBLEM DEMOKRATISCHER FÖDERATIONEN

Föderationen sind politische Gemeinschaften, die aus politischen Gemeinschaften bestehen. Dies setzt ein bestimmtes Maß an politischer Gemeinsamkeit zwischen allen Gliedern und zwischen den Gliedern und der oberen Ebene der Föderation voraus. Eine solche Gemeinsamkeit findet sich in den meisten föderalen Verfassungen festgeschrieben, etwa in der amerikanischen, der schweizerischen oder der deutschen Verfassung, die allesamt ausdrücklich regeln, dass sich Bund und Glieder eine bestimmte, nennen wir es republikanische, Staatsform geben müssen.[75] Man kann noch einen Schritt weitergehen und vermuten, dass sich die Möglichkeit föderaler Vielfalt überhaupt nur verwirklichen lässt, wenn alle politischen Teile der Föderation nicht nur die gleiche, sondern eine demokratische Struktur haben.[76] Denn nur unter demokratischen Bedingungen besteht die politische Freiheit, unterschiedliche politische Präferenzen nebeneinander stehen zu lassen. Dies gilt zwar noch nicht für die institutionellen Anfänge einer Föderation, in denen diese noch stark den Formen des internationalen Rechts zugeordnet ist, aber es gilt jedenfalls für die weitere Verdichtung.

Damit stellt sich die Frage, wie weit solche politischen Freiheiten der Glieder gehen können und was geschieht, wenn diese überschritten werden. Dies beschäftigt uns heute mit großer Dringlichkeit in der EU. Bevor wir dazu kommen, sollten wir uns klar werden, dass dieses Problem zum einen nicht neu und zum anderen bisher ungelöst geblieben ist. Denn viele der maßgeblichen Gründungskonflikte heutiger Bundesstaaten entzündeten sich an der Auseinandersetzung zwischen der zentralen und der Gliedstaatenebene um die fundamentale Ausrichtung der Föderation.

So lässt sich der Amerikanische Bürgerkrieg ebenso lesen wie der für die Schweizer Verfassung entscheidende *Sonderbundskrieg*[77] oder der Konflikt zwischen Preußen und Österreich um die Weiterentwicklung des Deutschen Bunds.[78] Diese Erfahrungen sind aus verschiedenen Gründen auch für uns Europäer von heute von Interesse, obwohl die institutionellen und sozialen Umstände gänzlich anders waren als heute.[79]

*Zum Ersten* zeigen diese Konflikte, mit welch immensen Zeiträumen man zu rechnen hat, bevor sich heterogene politische Gebilde zu einer Gemeinschaft, die den Namen einer politischen Föderation verdient, zusammentun. Die politischen Entwicklungen, die zu den Konflikten und ihrer Auflösung geführt haben, ziehen sich über Jahrzehnte, wenn nicht Jahrhunderte hin.

*Zum Zweiten* zeigt sich, dass politische Konflikte als Immunreak-
tionen auf zu schnelle Integrationsschübe entstehen können. Diese
betreffen nicht allein die Entwicklung der rechtlichen Institutionen,
sondern auch andere Fragen des gesellschaftlichen Fortschritts. Oft
ging es auch im 19. Jahrhundert um Probleme unterschiedlicher
Modelle wirtschaftlicher Modernisierung, wie wir sie heute eben-
falls innerhalb der EU erleben.

*Zum Dritten* werden solche Konflikte nicht einfach durch
einen konstitutionellen Gründungsakt gelöst. Sie können trotz
oder wegen solcher Gründungen entstehen.[80] Wenn wir diese
Beobachtung unmittelbar in die Institutionengeschichte der EU
übersetzen wollten, hieße das: Die Tatsache, dass der europäische
Verfassungsvertrag als symbolische Neugründung der EU geschei-
tert ist,[81] ist für die Krisen, denen sich die EU heute gegenübersieht,
völlig gleichgültig. Politische Konflikte lassen sich von solchen
Formen nicht aufhalten.

*Zum Vierten* und am wichtigsten aber ist wohl die Einsicht, dass
uns die historischen föderalen Konflikte gerade nicht zu einer über-
zeugenden institutionellen Lösung geführt haben. Letztlich wur-
den diese Konflikte allesamt mit Gewalt gelöst, eine prozedurale
Antwort auf das Problem hat sich nicht ergeben. Wir wissen bis
heute auch in konsolidierten Bundesstaaten nicht, wie wir mit dem
Problem umgehen sollen.

Um es an einem fiktiven Beispiel zu zeigen: Wenn sich bei den
Landtagswahlen des Jahres 2019 in drei ostdeutschen Ländern eine
Regierungsmehrheit der rechtsautoritären AfD ergeben wird, eine
Aussicht, die unwahrscheinlich, aber nicht völlig ausgeschlossen
erscheint, dann läge nicht einfach ein verfassungsrechtliches
Instrumentarium mit Verfahren bereit, die sicherstellen könnten,

dass die betroffenen Länder sich im verfassungsrechtlichen Rahmen demokratischer Rechtsstaatlichkeit halten würden. Zwar gibt es im deutschen Verfassungsrecht Verfahren, Länder zu verfassungskonformem Verhalten zu zwingen.[82] Aber diese sind umständlich und, wenn es um mehr als nur ein oder zwei Länder geht, auch nicht unbedingt praktisch handhabbar, weil es schnell an den notwendigen Mehrheiten in den Verfassungsorganen fehlt.

## 2. BESONDERHEITEN DER EUROPÄISCHEN UNION

Schaut man so vorbereitet auf die aktuellen Krisen in der EU, so ist die Hilflosigkeit, mit der Mitgliedstaaten und supranationale Organe mit den Entwicklungen in Polen und Ungarn, zum Teil aber auch in Rumänien und Italien, umgehen, weniger erstaunlich. Das bedeutet nicht, dass man sich in Fatalismus flüchten sollte. Es bedeutet auch nicht, dass es nicht konkrete Fehler zu benennen gäbe. Aber es zeigt, dass es sich weniger um ein spektakuläres Versagen der EU handelt, sondern um ein strukturelles Problem demokratischer Föderationen.

Dass sich die EU um den Zustand der inneren politischen Verfassung ihrer Mitgliedstaaten kümmern sollte, ist nicht selbstverständlich. Dass wir heute überhaupt über Kriterien und Verfahren verfügen, die darauf reagieren, dass Mitgliedstaaten konstitutionelle Mindeststandards verletzen, ist Ergebnis einer neueren Entwicklung.[83] Sie resultiert zum einen aus den Erweiterungsprozessen und der mit diesen verbundenen Einsicht, dass die Kriterien für den Beitritt in die EU auch noch nach dem Beitritt aktiv gehalten werden sollten.

Sie resultiert zum anderen aus neueren Entwicklungen, vor allem dem unglücklichen Umgang der EU, genauer gesagt der Mitgliedstaaten, mit der österreichischen Regierungsbildung des

Jahres 2000, die zur Einführung von Vorfeldmaßnahmen in Art. 7 EUV geführt haben.[84] Hintergrund war die politische Isolierung Österreichs nach der Bildung einer Koalitionsregierung zwischen der christsozialen ÖVP und der rechtsnationalen FPÖ. Die politische Isolierung Österreichs innerhalb der europäischen Gremien geschah ohne Verfahren und ohne Rechtsgrundlage auf Betreiben einzelner Mitgliedstaaten, ja ohne dass diese genau zu wissen schienen, was sie eigentlich anderes sanktionieren sollten als die Entscheidung der österreichischen Wähler. Im Nachhinein war dieses Vorgehen mindestens erfolglos, wenn nicht schädlich, führte es doch zu einem die FPÖ stärkenden Solidarisierungseffekt. Zudem wird man sich fragen, ob die im Frühsommer 2019 zerbrochene gleiche österreichische Koalitionsregierung nicht für die demokratisch-rechtsstaatlichen Institutionen gefährlicher war, ohne dass dies zu irgendeiner Reaktion auf Ebene der EU geführt hätte.

### 3. PERSPEKTIVEN EINER LÖSUNG: DE-POLITISIERUNG ODER RE-POLITISIERUNG DES VERFAHRENS?

Das für solche Fälle einschlägige Verfahren des Art. 7 EUV hat auf den ersten Blick viele offenkundige Probleme:[85] Es bedarf in letzter Instanz für die Aussetzung bestimmter mitgliedstaatlicher Rechte, namentlich der Stimmrechte im Rat, eines schwer zu erreichenden Konsenses im Rat. Das Verfahren fußt zudem auf einer sehr unklaren Norm, Art. 2 EUV, die eine recht ungeordnete Mischung an politischen Programmsätzen und »Werten« enthält, die sich nicht einfach überzeugend konkretisieren lassen.[86] Es ist zudem in der Sache nicht gerichtlich überprüfbar.[87]

In den letzten Jahren wurden viele institutionelle Vorschläge gemacht, wie das Problem strukturell zu lösen sei. Bei allen Unterschieden im Einzelnen ähnelten sie sich doch in ihrer Struktur. Die Frage, ob Mitgliedstaaten den europäischen Minimalstandards genügen, sollte einer politisch unabhängigen Prüfung überlassen werden. Der Angang, diese Frage zu entpolitisieren, setzte dabei auf zwei Ebenen an. Auf der Ebene der Maßstäbe werden die Probleme in Polen und Ungarn als solche der Rechtsstaatlichkeit gefasst, so namentlich von der Kommission.[88] Auf Ebene der zuständigen Prüfungsorgane streben die allermeisten Reformvorschläge es an,[89] entweder ein Gericht wie den Gerichtshof der EU oder unabhängige Expertengremien die Prüfung vornehmen zu lassen. In der Vergangenheit spielte bei der Beurteilung der Entwicklungen in Polen und Ungarn die Venedig-Kommission, ein Gremium des Europarates, in dem ehemalige sowie aktive Verfassungsrichter und andere Fachleute sitzen, eine wichtige Rolle.[90] Schließlich intervenierte der Gerichtshof, soweit es ihm die Logik der Binnenmarktregeln gestattete, nämlich im Fall der vorzeitigen Pensionierung von Richterinnen und Richtern durch die ungarische Regierung – eine Intervention, die aber letztlich an der Gleichschaltung der ungarischen Justiz wenig zu ändern vermochte.[91] Kann aber der Versuch, das Problem in dieser Weise doppelt zu entpolitisieren, wirklich überzeugen?

Beginnen wir mit der Ebene der Maßstäbe: Wenn wir uns die Entwicklung in Polen und Ungarn anschauen, so mag man bezweifeln, dass es um ein reines Problem der Rechtsstaatlichkeit geht. Derartige Probleme, in denen ein neutraler und systematischer Vollzug der Gesetze in Frage steht, kennen wir aus anderen Mitgliedstaaten der EU, etwa aus Bulgarien und Rumänien.[92] Aber die Entwicklungen in Polen und Ungarn sehen anders aus. Hier geht es letztlich darum, einen offenen demokratischen Prozess in Frage zu stellen und damit auch auszuschließen, dass amtierende Regierungen abgewählt werden können. Es geht also um die *politische Organisation* dieser Staaten. Diese sind nicht einfach nachlässig, bestechlich oder unfähig, europäisches und nationales Recht zu vollziehen. Ihnen schwebt vielmehr eine andere Art politischer

Organisation vor, die *Viktor Orbán* mit dem Begriff der »illiberalen Demokratie« bezeichnet hat. *Orbán regiert ein Land, in dem es keine freie Presse gibt.* Zugleich stellte er in einer Rede im März 2018 fest: *»Die Situation im Westen sieht so aus, dass es dort zwar Liberalismus gibt, aber keine Demokratie.«*[93]

Die Auseinandersetzung, die die EU mit Polen und Ungarn führt, ist also eine um deren Demokratie, um ihre politisch legitime Staatsform.[94] Diese Auseinandersetzung sollte die EU so, wie sie ist, annehmen und nicht so tun, als ließe sie sich als ein Problem reiner Legalität bestimmen. Diesem Verständnis liegt ja auch das geltende Sanktionsverfahren in Art. 7 EUV zugrunde, wenn es den Umgang mit abweichenden Mitgliedstaaten den Ratsgremien überlässt, also einem politischen Organ überantwortet. Diese Sicht entspricht auch der oben entwickelten Vorstellung einer demokratischen Föderation, die einem politischen Konzept von Konstitutionalismus verpflichtet ist,[95] in dem sich die entscheidenden Fragen der Beziehungen zwischen den Mitgliedstaaten untereinander und zur oberen Ebene nicht abschließend verrechtlichen lassen.

Was folgt daraus für unser Problem? *Negativ* bedeutet es, dass die Hoffnung, das Problem mit Hilfe von neuen Instrumenten, Verfahren oder Gremien lösen zu können, kaum begründet ist. Ein fundamentaler politischer Konflikt dieser Art lässt sich nicht hinwegorganisieren. Dies entspricht der historischen Erfahrung mit politischen Föderationen, die ich oben dargestellt habe. Das bedeutet nicht, dass man nicht immer weiter über eine Verbesserung von Verfahren nachdenken sollte. Es bedeutet nur, dass der fundamentale politische Konflikt nicht verschwinden wird. Konkret: Auch wenn man damit beginnt, europäische Fördermittel an die Treue eines Mitgliedstaats an die Werte des Art. 2 EUV zu binden, werden die grundsätzlichen Fragen, wie man eine Verletzung feststellt und wer zu dieser Feststellung befugt ist, beantwortet werden müssen.[96] Eine aktuelle Entwicklung deutet freilich in eine andere Richtung. Der Gerichtshof der EU hat in seiner Entscheidung zu Richterpensionierungen in Portugal[97] argumentativ den Weg auch für eine Kontrolle zumindest des polnischen Falls geebnet, der jetzt gleichfalls beim Gerichtshof liegt.[98] Indem der Gerichtshof die Unabhängigkeit der Justiz zu einem Maßstab des Primärrechts gemacht hat, an dem sich Sparmaßnahmen der portugiesischen Regierung messen ließen,[99] hat er Kriterien entwickelt, die auch auf den Umgang mit der polnischen Justiz anwendbar erscheinen. Aber selbst wenn man erwarten kann, dass der Gerichtshof die polnischen Eingriffe in die Justiz beanstandet, wird man fragen, ob dies als ein Mittel zum Schutz der polnischen Demokratie hinreicht. Die Erfahrungen mit Ungarn zeigen, dass die Aufhebung von Richterentlassungen die Unabhängigkeit der Justiz nicht auf Dauer schützen kann. Es gibt viele Methoden, um eine Justiz zu unterwerfen – nicht zuletzt auch diejenige, neue Zweige zu gründen.[100] Zudem sind nicht alle Angriffe auf einen offenen demokratischen Prozess juristisch so handlich, etwa wenn es darum geht, eine offene, für alle erreichbare Meinungsplattform zu sichern. Schließlich ist nicht zu übersehen, dass der Griff des Europäischen Gerichtshofs nach einer Kontrolle der Rechtsstaatlichkeit in den Mitgliedstaaten die Gewichte zwischen den Ebenen der Gerichtsbarkeit auch im Fall funktionierender Rechtsstaatlichkeit zugunsten der EU verschiebt.

*Positiv* folgt aus diesen Überlegungen, dass sich eben gerade die politischen Organe um eine Lösung bemühen müssen. Das Versagen lässt sich mit Blick auf die EU einfach institutionell bezeichnen. Während diese Fragen immer wieder offen und kontrovers im Europäischen Parlament debattiert wurden, wurden sie von den Regierungschefs im Rat über Jahre ignoriert. Die Verträge haben die Treue der Mitgliedstaaten zu bestimmten Standards als eine

Pflicht des Unionsrechts definiert. Die Niederlegung der Grundwerte des Art. 2 EUV ist revolutionär, weil damit die innere politische Verfasstheit der Mitgliedstaaten ausdrücklich zu einer Sache der Europäischen Union gemacht wurde,[101] wenn auch eben nicht zu einer, die in einem gerichtlichen Verfahren überprüft werden kann. Trotzdem haben die Regierungen der Mitgliedstaaten diese Frage lange Zeit wie eine innere Angelegenheit des jeweiligen Mitgliedstaates behandelt.

Nach allem was wir wissen, wurden die Probleme in Ungarn jahrelang gar nicht in den Ratsgremien angesprochen. Das führt uns zurück zum Begriff der Regierung.[102] Denn obwohl der Europäische Rat, wie wir gesehen haben, mehr und mehr die Aufgaben einer europäischen Regierung angenommen hat, hat er sich in diesem Zusammenhang gerade nicht wie eine solche verhalten, sondern im Gegenteil wie eine Staatenversammlung nach traditionellem Völkerrecht. Mit Blick auf das Europäische Parlament lässt sich zumindest für die EVP-Fraktion eine ähnliche Diagnose stellen. Obwohl als Vertreter der Unionsbürger gewählt, haben sie die Vorgänge, für die eine Mitgliedspartei verantwortlich war, gleichfalls so lange als innere Angelegenheit behandelt, bis es politisch nicht mehr ging.[103]

Diese Beobachtungen des institutionellen Scheiterns schaffen das Problem nicht aus der Welt. Im Gegenteil sollen sie deutlich machen, wie mühselig es ist, es aus der Welt zu schaffen. Gefordert sind aber zuallererst die Mitgliedstaaten als Mitglieder des Europäischen Rates und die Fraktionen im Europäischen Parlament, als entscheidende Faktoren im Europäischen Parlament. Die Aufgabe, die sie dabei zu lösen haben, ist nicht einfach, aber sie kann ihnen auch nicht dadurch abgenommen werden, dass neue gerichtliche oder administrative Verfahren eingerichtet werden: Auf der einen

Seite müssen die politischen Organe Konsens und Mehrheiten finden und den Zusammenhalt des Ganzen bewahren, auf der anderen Seite müssen sie den Beteiligten Grenzen ziehen, wenn diese drohen, die normativen Grundlagen der europäischen politischen Union zu verlassen. Eine solche Aufgabe ist etwas ganz anderes als die Anwendung einer Norm. Sie setzt eine genuin politische Urteilskraft voraus, die Fähigkeit, Kompromisse zu machen und eine gemeinsame Willensbildung zu organisieren.

## V. AUSBLICK: DIE WILLENSSCHWÄCHE DER MITGLIEDSTAATEN DER EUROPÄISCHEN FÖDERATION

Aus der griechischen Philosophie kennen wir das Problem der *Akrasie*, der Willensschwäche. *Platon* lässt *Sokrates* leugnen, dass sie überhaupt existiere:»*Niemand, der weiß oder glaubt, dass es eine bessere Handlungsmöglichkeit gäbe als diejenige, die er verfolgt, würde jemals diese Handlung fortsetzen.*«[104] Aristoteles diskutiert das Phänomen in der Nikomachischen Ethik[105] positiver. Es ist uns entgegen der sokratischen Behauptung aus unserem Alltag wohl vertraut. Oft passiert uns, dass wir wissen, was wir tun sollten, auch weil es gut für uns ist, wir es aber trotzdem nicht tun.

Wenn man sich fragt, worin das Problem der EU als demokratischer Föderation heute besteht, dann wird man viele soziale und politische Probleme nennen können; man wird auch einsehen, dass jedenfalls – so sollten meine Überlegungen zur Geschichte demokratischer Föderationen zeigen – die Krise der EU ein typisches und institutionell erwartbares Ereignis darstellt. Zugleich zeigte sich aber auch, dass manche Probleme weniger einem Konflikt zwischen Pro-Europäern und Europaskeptikern zu folgen scheinen als vielmehr einem Verhalten, in dem die europäische Integration auf der einen Seite erwünscht, ihre unmittelbaren Konsequenzen auf der anderen Seite aber abgelehnt werden – oder umgekehrt.[106] Man muss nicht für eine Währungsunion eintreten, aber wenn man es tut, sollte man andere Maßnahmen, die die Wirtschaftspolitik weitergehend koordinieren, nicht ablehnen. Man muss seine Grenzen nicht vor den unionsrechtlichen Fristen für die Arbeitnehmerfreizügigkeit öffnen, aber wenn man es tut wie die Briten, sollte man nicht hinterher diese Migration zum Anlass nehmen, die EU verlassen zu wollen. Man muss sich nicht als »Wertegemeinschaft« selbst moralisch aufwerten, aber wenn man es tut, kann man sich nicht auf Sachzwänge berufen, wenn man Flüchtlinge im Mittelmeer ertrinken lässt.

Dies sind Fälle von Präferenzen, die etwas wollen, ohne dessen Konsequenzen in Kauf nehmen zu wollen – Gleiches gilt für unsere beiden Beispiele. Es ist eine legitime Frage, ob man aus Sicht der Mitgliedstaaten Kompetenzen auf die EU übertragen sollte oder nicht, aber wenn man es tut, kann man nicht erwarten, politisch verantwortlich wahrgenommen werden zu können. Dies betrifft das Problem der Regierung.

Es ist legitimerweise eine offene Frage, ob man die Ebenen von Mitgliedstaaten und EU so miteinander verzahnen will, dass Mängel der Legitimation auf der einen Ebene auf die andere durchschlagen können. Aber wenn man es tut, dann gibt es in der Frage der politischen Legitimation keine inneren Angelegenheiten der Mitgliedstaaten mehr, die die Union nichts angehen. Dies betrifft das Problem des Umgangs mit abweichenden Mitgliedstaaten wie Polen und Ungarn.

Während demokratische Föderationen mit den widersprüchlichen politischen Logiken der verschiedenen Ebenen nicht nur umgehen können, sondern diese nutzen, um aus gesellschaftlicher Vielfalt einen funktionierenden politischen Prozess zu generieren, gerät dieser Mechanismus ins Stocken, wenn er gegen sich selbst gewendet wird. Die politische Legitimation der Ebenen kann sich dann sogar wechselseitig in Frage stellen.

## VI. ZUSAMMENFASSUNG

Die EU als eine demokratische Föderation zu verstehen, mag dabei helfen, die Entwicklung der EU in einen vergleichenden Zusammenhang zu stellen, ohne der europäischen Integration eine notwendige Entwicklung unterstellen zu müssen. Der politische Konflikt zwischen den Ebenen und der Zentrale ist dabei wenig Besonderes. Ebenso wenig sind es die krisenhafte Fortentwicklung der Kompetenzen und die Unmöglichkeit, alle Kompetenzkonflikte zu verrechtlichen. Eine solche Perspektive wird aber nicht nur Ähnlichkeiten zwischen unterschiedlichen Föderationen ans Licht bringen, sondern sie kann auch dabei helfen, Besonderheiten deutlich zu machen. Die Vervielfachung der Regierungsfunktion in der EU ist so eine spezifische und spezifisch problematische Besonderheit. Das Fehlen einer überzeugenden institutionellen Lösung für den Umgang mit abweichenden Mitgliedstaaten dagegen erscheint eher als eine Normalität. Problematisch ist hier weniger das Fehlen eines Verfahrens als der politische Umgang mit dem Problem. Er scheint Ausdruck einer allgemeineren politischen Befindlichkeit zu sein, in der die Mitgliedstaaten wissen, dass sie auf die Integration angewiesen sind, ohne sich vollständig auf dieses Wissen einlassen zu wollen.

*Hofstadter*, The Idea of a Party System, 1970, S. 1 ff.; *Elkins/McKitrick*, The Age of Federalism, 1993, S. 750 ff.

*Jefferson*, 1. Inaugural Address 1801, in: ders., The Inaugural Adresses of President Thomas Jefferson, 1801 and 1805, 2001, S. 5.

Der Spruch ist Teil des großen Siegels der Vereinigten Staaten und diente ohne gesetzliche Regelung als Motto, bis der Kongress es 1956 durch das offizielle Motto »In God we Trust« ersetzte (H. J. Resolution 396).

Zum Motto der EU im Bewusstsein der Grenzen der symbolischen Konstruktion *Haltern*, Europarecht, Bd. 2, 3. Aufl. 2017, S. 559.

*Elkins/McKitrick*, The Age of Federalism, 1993, passim.

Ausdrücklich formuliert wird dieses Ideal in den Federalist Papers, Nr. 10 (*Madison*) und 59 (*Hamilton*) – The Federalist, 2000, S. 53 ff., S. 378 ff.

Für eine Übersicht *Stone/Seidman/Sunstein/Tushnet/Karlan*, Constitutional Law, 6. Aufl. 2009, S. 189 ff.; spezifischer *Skowronek,* Building the New American State, 1982, S. 121 ff.

*Skowronek*, Building the New American State, 1982, S. 177 ff.; *Irons*, A People's History of the Supreme Court, 1999, S. 294 ff.

*Bickel*, Least Dangerous Branch, 2. Aufl. 1986, S. 34 ff.; *Kramer*, The People Themselves, 2004, S. 170 ff.; *Friedman*, The History of the Countermajoritarian Difficulty, Part One: The Road to Judicial Supremacy, New York University Law Review, Vol. 73, Issue 2 (May 1998), S. 333 ff.

Dred Scott v. Sandford, 60 U.S. 393 (1857). Zur Rechtsprechung vor dem Bürgerkrieg *Whittington*, Judicial Review of Congress Before the Civil War, The Georgetown Law Journal, Vol. 97, S. 1257 ff.

*Meachum*, American Lion: Andrew Jackson in the White House, 2008, S. 177 ff.

Zur Geschichte: *van Middelaar*, The Passage to Europe, 2013, S. 100 ff., 181 ff.; *Schorkopf*, Der europäische Weg, 2. Aufl. 2015, S. 93 ff.

Rechtsakt ultra vires: BVerfGE 89, 155 (188), zum juristischen Ungenügen dieser Figur, *Möllers*, Staat als Argument, 2. Aufl. 2011, S. 386 f.; *Sauer*, Staatsrecht III, 4. Aufl. 2016, S. 176 ff.

Etwa bei *Calhoun*, Report Prepared for the Committee on Federal Relations of the Legislature of South Carolina, at its Session in November, 1831, in: ders., The Works of John C. Calhoun, Bd. 6, 1888, S. 54 ff. Zum Konflikt auch *Meachum*, American Lion: Andrew Jackson in the White House, 2008, S. 184 ff.

Dazu auch schon *Möllers*, Krisenzurechnung und Legitimationsproblematik in der Europäischen Union, Leviathan 43:3 (2015), S. 339 (352 ff.); *ders.*, Constitutional State of the European Union, in: Schütze, Globalisation and Governance, 2018, S. 243 (245 ff.).

Die US-Geschichte kennzeichnet bereits früh die Konsolidierung in zwei Lager, wobei die Idee einer Opposition erst langsam Anerkennung finden musste, vgl. *Hofstadter*, The Idea of a Party System, 1970, S. 212 ff.

Zu britischen Verfassungsfragen: *Douglas-Scott*, Brexit, Article 50 and the Contested British Constitution, Modern Law Review, Volume 79, Issue 6, November 2016, S. 1019 ff.; *Loughlin/Tierney*, The Shibboleth of Sovereignty, Modern Law Review, Vol. 81, Issue 6, November 2018, S. 989 (1013); zu unionsrechtlichen Fragen *Skouris*, Brexit: Rechtliche Vorgaben für den Austritt aus der EU, EuZW 2016, S. 806.

https://en.wikipedia.org/wiki/Results_of_the_2016_United_Kingdom_European_Union_membership_referendum, zuletzt abgerufen am 27. Mai 2019.

Zur Bedeutung der Wähler im britischen Verfassungsrecht unter der Doktrin der Parlamentssouveränität: *Dicey,* Introduction to the Study of the Law of the Constitution, 1915, S. 29; *Ewing*, Brexit and Parliamentary Sovereignty, Modern Law Review, Volume 80, Issue 4, S. 711 ff.; *Loughlin/Tierney*, The Shibboleth of Sovereignty, Modern Law Review, Vol. 81, Issue 6, November 2018, S. 989 (1013).

Besonders greifbar in der sogenannten Midlothian Question, also dem Umstand, dass schottische und walisische Bürger zweifach repräsentiert sind, und damit zugleich über Fragen entscheiden, die allein Engländer betreffen, dazu *Gay*, The West Lothian Question, House of Commons Library SN/PC/2586, 26 June 2006.

Dazu *McCrudden/Halberstam*, Northern Ireland's Supreme Court Brexit Problem (and the UK's too), U.K. Const. L. Blog (21st Nov. 2017); Miller and Northern Ireland: A Critical Constitutional Response, The UK Supreme Court Yearbook, Volume 8, December 2017; U of Michigan Public Law Research Paper No. 575; Queen's University Belfast Law Research Paper No. 2018-3.

In diesem Sinn etwa *Ibler*, in: Maunz/Dürig, Grundgesetz-Kommentar, 85. EL Nov. 2018, Art. 87, Rn. 213.

Dazu *Halberstam*, Federalism: Theory, Policy, Law, in: Rosenfeld/Sajó (Hrsg.), The Oxford Handbook of Comparative Constitutional Law, 2012, S. 576 (578).

*van Middelaar*, The Passage to Europe, 2013, S. 44.

Zum Folgenden: Nicolaidis/Howse (Hrsg.), The Federal Vision: Legitimacy and Levels of Governance in the United States and the European Union, 2001; Beaud, Föderalismus und Souveränität, Der Staat 35 (1996), S. 45 ff.; *Schönberger*, AöR 129 (2004), S. 81; *Schütze*, European Constitutional Law, 2nd ed. 2016, S. 62 ff.

*Schmitt*, Verfassungslehre, 10. Aufl. 2010, S. 374, 378 (zur Souveränität im Bund); *Schönberger*, AöR 129 (2004), S. 81; *Beaud*, Théorie de la Fédération, 2007, S. 58 ff.

So das Bundesverfassungsgericht BVerfGE 89, 155 (190 ff.) zu Staatenverbund und begrenzter Einzelermächtigung: *Kirchhof*, Der europäische Staatenverbund, in: v. Bogdandy/Bast (Hrsg.), Europäisches Verfassungsrecht, 2009, S. 1009 ff.; anders *Oeter*, Souveränität und Demokratie als Probleme in der „Verfassungsentwicklung" der Europäischen Union, in: ZaöRV 55 (1995), S. 659 (685 ff.).

*Möllers*, Die drei Gewalten, 2. Aufl. 2015, S. 137. Mit Zweifeln für die Relevanz des Souveränitätsbegriffs in diesem Zusammenhang: *Frowein*, Verfassungsperspektiven der Europäischen Gemeinschaft, EuR 1992, Beiheft 1, 63, 65 (67).

Dazu *Möllers*, Verfassung – verfassunggebende Gewalt – Konstitutionalisierung, in: v. Bogdandy/Bast (Hrsg.), Europäisches Verfassungsrecht, 2. Aufl. 2009, S. 227; grundsätzlich *Bellamy*, Political Constitutionalism, 2007, S. 120 ff.

Vgl. zur unitarischen Entwicklung *Oeter*, Integration und Subsidiarität im deutschen Bundesstaatsrecht, 1998, S. 143 ff.

Nach dem Scheitern von President F. D. Roosevelts »court-packing plan« kam der Supreme Court ab National Labor Relations Board v. Jones & Laughlin Steel Corporation, 301 U.S. 1 (1937) zu einem weiteren Verständnis der Bundeskompetenz, insb. der Commerce Clause.

*Kingreen*, Grundfreiheiten, in: v. Bogdandy/Bast (Hrsg.), Europäisches Verfassungsrecht, 2. Aufl. 2009, S. 705 (715 ff.); *Schütze*, European Constitutional Law, S. 225 ff.

*Maduro*, We, the Court, 1998, S. 150 ff.

*Möllers*, Verfassung – verfassunggebende Gewalt – Konstitutionalisierung, in: v. Bogdandy/Bast (Hrsg.), Europäisches Verfassungsrecht, 2. Aufl. 2009, S. 227 (238 ff.).

*Hallstein*, Europäische Reden, 1979, S. 109, S. 343.

Zu dieser Entwicklung nur *Rittberger*, Constructing Parliamentary Democracy in the European Union: How Did It Happen?, in: Kohler-Koch/Rittberger (Hrsg.), Debating the Democratic Legitimacy of the European Union, 2007, S. 111 ff.; zur politischen Willensbildung im Parlament *Dann*, Die politischen Organe, in: v. Bogdandy/Bast (Hrsg.), Europäisches Verfassungsrecht, 2. Aufl. 2009, S. 335 (363 ff.).

Zum Begriff nochmals *Möllers*, Verfassung – verfassunggebende Gewalt – Konstitutionalisierung, in: v. Bogdandy/Bast (Hrsg.), Europäisches Verfassungsrecht, 2. Aufl. 2009, S. 227 (265 ff.).

Unten, IV.1.

*Möllers*, Multilevel Democracy, ratio iuris, Vol. 24, No. 3, September 2011, S. 247.

Zum Begriff der Regierung: *Goodnow*, Government and Administration, 2003, S. 17; *Jarass*, Politik und Bürokratie als Elemente der Gewaltenteilung, 1975, S. 87.

Maßgeblich zum Dilemma, dass Internationale Organisationen der Verselbstständigung eines Anliegens gegenüber den Staaten dienen sollen, diese aber nicht davon absehen wollen, diese zu kontrollieren, um damit diese Verselbstständigung zu verhindern: *Klabbers*, An Introduction to International Institutional Law, 2015, S. 41 ff.

*Klabbers*, An Introduction to International Institutional Law, 2015, S. 211; *Schermers/Blokker*, International Institutional Law, 4. Aufl. 2006, S. 34 ff.; *Ruffert/Walter*, Institutionalisiertes Völkerrecht, 2. Aufl. 2015, S. 117.

*Möllers*, Verwaltungsrecht und Politik, in: v. Bogdandy/Cassese/Huber (Hrsg.), Ius Publicum Europaeum Band V: Verwaltungsrecht in Europa: Grundzüge, S. 1175 (1191). Dazu *Fassbender*, Der offene Bundesstaat, 2007, S. 211.

Vgl. Art. 167 § 3 der belgischen Verfassung.

Vgl. dazu Art. 23 AbS. 6 GG, dazu *Wollenschläger*, in: Dreier, Grundgesetz-Kommentar, Bd. 2, 3. Aufl. 2015, Art. 23, Rn. 152 ff.

The Federalist, 2000, S. 266.

*van Middelaar*, The Passage to Europe, 2013, S. 16.

*Schorkopf*, Der europäische Weg, 2. Aufl. 2015, S. 41 ff.

*Schorkopf*, Der europäische Weg, 2. Aufl. 2015, S. 161 ff.

*van Middelaar*, The Passage to Europe, 2013, S. 56.

KOM/85/0310 ENDG.

Freundlicher: *van Middelaar*, The Passage to Europe, 2013, S. 77 ff.

Zu deren Bedeutung und dem Wert informaler Intergouvermentalität in der EU: *Kleine*, Informal Governance in the European Union, 2013, S. 133 ff.

*Craig*, The Lisbon Treaty: Law, Politics, and Treaty Reform, 2010, S. 81 ff.

Siehe auch *Dann*, Die politischen Organe, in: v. Bogdandy/Bast (Hrsg.), Europäisches Verfassungsrecht, 2. Aufl. 2009, S. 335 (363 ff.).

Siehe Art. 241 AEUV, dazu *Nettesheim*, in: Grabitz/Hilf/Nettesheim, Das Recht der Europäischen Union, 66. EL Februar 2019, AEUV Art. 241, Rn. 1 ff.

Zu Regierungsfunktionen: *Mössle*, Regierungsfunktionen des Parlaments, 1985, S. 96 ff.

*Möllers*, The European Banking Union: A Case of Tempered Supranationalism?, in: Grundmann/Micklitz, The European Banking Union and Constitution, 2019, S. 205 ff.

Vergleichend, verallgemeinernd: *Beaud*, Théorie de la Fédération, 2007, S. 58 ff.

*Möllers*, Krisenzurechnung und Legitimationsproblematik in der Europäischen Union, Leviathan 43:3 (2015), S. 339 (352 ff.).

Dass diese Struktur, weil so viele von ihr profitieren, nicht reformierbar ist, wurde in der vergleichenden Föderalismusforschung viel beschrieben: *Scharpf*, Die Politikverflechtungs-Falle: Europäische Integration und deutscher Föderalismus im Vergleich, Politische Vierteljahresschrift 26 (1985), S. 323.

Der Präsident der Europäischen Kommission Juncker erklärt zu Beginn seiner Rede zur Lage der Union 2015: »Ich bin der erste Präsident der Kommission, dessen Nominierung und Wahl das direkte Ergebnis der Wahlen zum Europäischen Parlament vom Mai 2014 ist.« (unter https://ec.europa.eu/commission/publications/ state-union-2015-european-commission-president-jean-claude-juncker_de, zuletzt abgerufen am 4. Juni 2019.). Dazu *Hartlapp/Lorenz*, Die Europäische Kommission ein (partei-)politischer Akteur?, Leviathan 43 (2015), S. 64.»Den Wahlkampf habe ich als echter Spitzenkandidat geführt – das ermöglicht es mir nun auch ein politischer Präsident zu sein.« Zur Politisierung der Kommission auch *Haltern*, Europarecht, Bd. 1, 3. Aufl. 2017, S. 108.

Vgl. Art. 17 EUV.

Zur Geschichte des deutschen Parteiensystems: *Lehmbruch*, Parteienwettbewerb im Bundesstaat, 2000. Zu aktuellen Problemen *Meinel*, Vertrauensfrage 2019, S. 35 ff.

*Hangartner*, Grundzüge des schweizerischen Staatsrecht, Bd. 1, 1980, S. 123 f.

*Biaggini*, Schweiz, in: v. Bogdandy/Cruz Villalón/Huber (Hrsg.), Ius Publicum Europaeum Bd. 1, 2007, S. 565 (600).

Weißbuch zur Zukunft Europas, COM(2017) 2025, 1. März 2017.

Art. 17 AbS. 2 EUV, dazu *Haltern*, Europarecht, Bd. 1, 3. Aufl. 2017, S. 227 ff.

Kritisch dazu: *Scharpf*, Political legitimacy in a non-optimal currency union, in: v. Cramme/Hobolt (Hrsg.), Democratic politics in a European Union under stress, 2014, S. 19 (39).

Art. 17 AbS. 1 S. 2, 3 EUV, dazu *Haltern*, Europarecht, Bd. 1, 3. Aufl. 2017, S. 249 ff.

*Möllers*, Krisenzurechnung und Legitimationsproblematik in der Europäischen Union, Leviathan 43:3 (2015), S. 339 (341 ff.).

Oben, Fn. 42.

Dazu *Bauerschmidt*, Die Rechtsperson der Europäischen Union im Wandel, 2019, S. 263 ff.

Art 28 GG; V US const.; Art. 51 Schweizerische Bundesverfassung, dazu *Dreier*, in: Dreier (Hrsg.), Grundgesetz-Kommentar, Bd. 2, 3. Aufl. 2015, Art. 28, Rn. 31 ff. rechtsvergleichend, Rn. 49 ff. zum GG.

So schon die These bei *Mayer*, Monarchischer und demokratischer Bundesstaat, AöR 18 (1903), S. 337 (351, 363 f.), freilich als Argument gegen die Parlamentarisierung des Reichs, dazu *Möllers*, Der parlamentarische Bundesstaat – Das vergessene Spannungsverhältnis von Parlament, Demokratie und Bundesstaat, in: Aulehner u. a. (Hrsg.), Föderalismus – Auflösung oder Zukunft der Staatlichkeit?, S. 81 (87 f.).

*Biaggini*, Schweiz, in: v. Bogdandy/Cruz Villalón/Huber (Hrsg.), Ius Publicum Europaeum Bd. 1, 2007, S. 565 (569).

Zur Vorgeschichte der Reichsgründung siehe *Nipperdey*, Deutsche Geschichte, 1866-1918, Bd. 1, 1993, S. 34 ff.

Zum Folgenden auch: *Möllers/Schneider*, Demokratiesicherung in der EU, 2018, S. 18 ff.

Hierin liegt meines Erachtens eines der Probleme, die im deutschen 19. Jahrhundert entstandene Unterscheidung zwischen Bundesstaat und Staatenbund zur Beschreibung von Föderationen heranzuziehen, und zu einem vermeintlich allgemeinen Kriterium der Gründung einer politischen Gemeinschaft zu machen. Hierzu *Schönberger*, AöR 129 (2004), S. 81.

Zum Scheitern des Verfassungsvertrags *Haltern*, Europarecht, Bd. 1, 3. Aufl. 2017, S. 95 ff.

Zum Bundeszwang nach Art. 37 GG m. w. N. H. *Bauer*, in: Dreier (Hrsg.), Grundgesetz-Kommentar, Bd. 2, 3. Aufl. 2015, Art. 37, Rn. 7 ff.; *Shirvani*, Die Bundes- und Reichsexekution in der neueren deutschen Verfassungsgeschichte, Der Staat 50 (2011), S. 102.

Dazu *Schorkopf*, Der europäische Weg, 2. Aufl. 2015, S. 49; *Möllers/Schneider*, Demokratiesicherung in der EU, 2018, S. 38 ff.

*Möllers/Schneider*, Demokratiesicherung in der EU, 2018, S. 40 ff.

Zum Verfahren *Ruffert*, in: Calliess/Ruffert (Hrsg.), EUV/AEUV, 5. Aufl. 2016, Art. 7 EUV; *Möllers/Schneider,* Demokratiesicherung in der EU, 2018, S. 45 ff.

*Becker*, in: Schwarze, EU-Kommentar, 3. Aufl. Baden-Baden 2012, Art. 7 EUV, Rn. 4 f.; *Pechstein*, in: Streinz, EUV/AEUV, 2. Aufl. München 2012, Art. 7 EUV, Rn. 7; *Ruffert*, in: Callies/Ruffert, EUV/AEUV, 5. Aufl. München 2016, Art. 7 EUV, Rn. 8 ff.; *Voßkuhle*, Die Idee der Europäischen Wertegemeinschaft, Thyssen Lecture 2017, S. 30 ff. Zur Kritik der Norm auch *Möllers/Schneider*, Demokratiesicherung in der EU, 2018, S. 39.

*Hilf/Schorkopf*, in: Grabitz/Hilf/Nettesheim, Das Recht der Europäischen Union, 66. EL Februar 2019, EUV Art. 2, Rn. 46, 47.

Mitteilung der Kommission an das Europäische Parlament und den Rat, Ein neuer EU-Rahmen zur Stärkung des Rechtsstaatsprinzips, COM(2014) 158 final; hierzu und zur Aktivierung *Haltern*, Europarecht, Bd. 1, 3. Aufl. 2017, S. 108.

*Müller*, Safeguarding Democracy inside the EU. Brussels and the Future of the Liberal Order, Transatlantic Academy Paper Series, Nr. 3, 2013; Should the EU protect democracy and the rule of law inside Member States?, European Law Journal Vol. 21 (2), S. 141; The Commission gets the point – but not necessarily the instruments, VerfBlog, 2014/3/15; *Scheppele*, Enforcing the Basic Principles of EU Law through Systemic Infringement Actions, in: Closa/Kochenov (Hrsg.), Reinforcing the Rule of Law Oversight in the European Union, 2016, S. 105; *Scheppele/Pech*, Is There A Better Way Forward?, VerfBlog, 2018/3/10.

Für Ungarn: Venice Commission, Opinion No. 614/2011 on three legal questions arising in the process of drafting the new constitution of Hungary, 28. März 2011; Opinion No. 621/2011 on the new constitution of Hungary, 20. Juni 2011; Opinion No. 720/2013 on the fourth amendment to the fundamental law of Hungary, 17. Juni 2013; für Polen: Venice Commission, Opinion No. 833/2015 on constitutional issues addressed in amendments to the Act on the Constitutional Court of 25 June 2015 of Poland; Opinion 860/2016 on the act on the Constitutional Tribunal; Opinion 904/2017 on the Draft Act amending the Act on the National Council of the Judiciary; on the Draft Act amending the Act on the Supreme Court, proposed by the President of Poland; and on the Act on the organisation of Ordinary Courts.

EuGH, Urt. v. 6.11.2012, Rechtssache C-286/12, Kommission/Ungarn, dazu m. w. N. *Möllers/Schneider*, Demokratiesicherung in der EU, 2018, S. 56 ff.

Dazu v. *Bogdandy/Ioannidis*, Das systemische Defizit, ZaöRV 74 (2014), S. 283 (309 ff.).

*Orbán*, Speech at the 29th Bàlványos Summer Open University and Student Camp, https://www.kormany.hu/en/the-prime-minister/the-prime-minister-s-speeches/prime-minister-viktor-orban-s-speech-at-the-29th-balvanyos-summer-open-university-and-student-camp, zuletzt abgerufen am 27. Mai 2019.

*Möllers/Schneider*, Demokratiesicherung in der EU, 2018, S. 99 ff.

Oben, II.2.

Siehe als Versuch zur Koppelung von Mitteln und Rechtsstaatlichkeit den Vorschlag für eine Verordnung des europäischen Parlaments und des Rates über den Schutz des Haushalts der Union im Falle von generellen Mängeln in Bezug auf das Rechtsstaatsprinzip in den Mitgliedstaaten, 2018/0136 (COD).

EuGH, Urt. v. 27.02.2018, Rechtssache C-64/16, dazu die Analyse bei *Bonelli/Klaes*, Judicial Serendipity, European Constitutional Law Review, Volume 14, Issue 3, September 2018 , S. 622-643; *Brauneck*, Rettet die EU den Rechtsstaat in Polen?, NVwZ 2018, S. 1423 (1426); *Gärditz*, Institutioneller Respekt und unabhängige Justiz, DRiZ 2019, S. 134.

Rechtssache C-619/18; vgl. den Beschluss im Verfahren des vorläufigen Rechtsschutzes vom 17. Dezember 2018 sowie die Schlussanträge des Generalanwalts vom 11. April 2019 in der Hauptsache.

EuGH, Urt. v. 27.02.2018, Rechtssache C-64/16.

Zum anscheinend nunmehr aufgegebenen Projekt einer neuen ungarischen Verwaltungsgerichtsbarkeit in diesem Kontext: *Kazai*, Administrative Judicial Reform in Hungary: Who Gives a Fig about Parliamentary Process?, VerfBlog, 2019/5/01.

*Hilf/Schorkopf*, in: Grabitz/Hilf/Nettesheim, Das Recht der Europäischen Union, 66. EL Februar 2019, EUV Art. 2, Rn. 8 ff.

Oben, III.2.

Mit der Beobachtung des Schweigens aus Parteiraison etwa: *Müller*, Die EU als wehrhafte Demokratie, oder: Warum Brüssel eine Kopenhagen-Kommission braucht, VerfBlog, 2013/3/13.

*Platon*, Protagoras 358b-c, für einen modernen Zweifel: *Davidson*, How Is Weakness of the Will Possible?, in: ders., Essays on Actions and Events, 2. Aufl. 2001, S. 21 ff.

[105] *Aristoteles*, Nikomachische Ethik, 2006, S. 193 ff. (Buch VII 1-11).

[106] *Möllers*, Krisenzurechnung und Legitimationsproblematik in der Europäischen Union, Leviathan 43:3 (2015), S. 339 (340, 356).

# Η Ευρωπαϊκή Ένωση ως δημοκρατική ομοσπονδία

**CHRISTOPH MÖLLERS**

# I. ΟΜΟΣΠΟΝΔΙΑΚΟ ΣΥΣΤΗΜΑ ΩΣ ΠΟΛΙΤΙΚΗ ΕΝΟΤΗΤΑ;
## Μία διατλαντική θεώρηση ως εισαγωγή

Όταν το 1801 *Thomas Jefferson* ανέλαβε καθήκοντα ως ο τρίτος Πρόεδρος των Ηνωμένων Πολιτειών της Αμερικής (ΗΠΑ), βρέθηκε αντιμέτωπος με μία κατάσταση που δεν είχε προβλεφθεί από τους συνταγματικούς πατέρες, διότι η εκλογή του ήταν αποτέλεσμα αντιπαράθεσης πολιτικών κομμάτων.[1] Το γεγονός ότι το κράτος έπρεπε να διαιρεθεί σε τέτοιες «φατρίες», κατά την σύγχρονη έκφραση, ήταν για τον *Jefferson* αλλά και για τους περισσότερους σύγχρονούς του μεγάλη ατυχία, την οποία δεν ήθελε να αποδεχθεί. Σε τελική ανάλυση όλοι οι Αμερικανοί είχαν αντιταχθεί στις ίδιες ηθικές και πολιτικές αρχές της βρετανικής αποικιακής εξουσίας. Γιατί θα έπρεπε τώρα να διαιρεθούν σε στρατόπεδα; Και έτσι διατύπωσε στην εναρκτήρια ομιλία του τα λόγια που αργότερα μνημονεύθηκαν πολύ:

*«We have called by different names brethren of the same principle. We are all Republicans, we are all Federalists.»*[2]

Η προσπάθεια του Jefferson να άρει τις πολιτικές αντιθέσεις της εποχής του με τις ομοιότητες της αμερικανικής επανάστασης απέτυχε. Η διαμάχη μεταξύ των «Republicans», των σημερινών δημοκρατικών, και των «Federalists», των σημερινών ρεπουμπλικανών, εντάθηκε κατά τις επόμενες δεκαετίες. Οδήγησε σε έναν αιματηρό εμφύλιο πόλεμο και καθιέρωσε πολιτικές ζώνες, οι οποίες εξακολουθούν να διαιρούν το κράτος με εξόχως αξιοσημείωτη συνέχεια μέχρι σήμερα.

Όταν η Ευρωπαϊκή Ένωση (ΕΕ) ορμώμενη από το ρητό των ΗΠΑ «E pluribus unum»[3] έχει ως πρότυπο το δικό της ρητό «Ενωμένοι στην πολυμορφία»[4] φαίνεται να παραβλέπει αυτήν την ιστορία ή τουλάχιστον να την υποτιμά.

Ασφαλώς μπορεί κανείς να εξηγήσει την ιστορία της πολιτικής διαίρεσης των ΗΠΑ και με διαφορετικό τρόπο – πράγμα που θα μας βοηθήσει να κατανοήσουμε καλύτερα τα σύγχρονα συνταγματικά προβλήματα της ΕΕ. Διότι, όσο βίαιη και συγκρουσιακή και αν είναι η ιστορία των ΗΠΑ, δεν μπορεί να γίνει αντιληπτή ως τίποτα άλλο εκτός από μία ιστορία, στο πλαίσιο της οποίας μια πολιτική ένωση αναζητεί τα ερωτήματα για τα οποία από κοινού αγωνίζεται.

Με άλλα λόγια, η αντιπαράθεση μεταξύ φεντεραλιστών και ρεπουμπλικανών στο παρελθόν, καθώς και μεταξύ ρεπουμπλικανών και δημοκρατικών σήμερα, όχι μόνο δεν κατέλυσε το κράτος, αλλά ομαδοποίησε διάφορες άλλες κοινωνικές διαφορές και πολιτικές συγκρούσεις μέσα σε μία μεγάλη και ετερογενή κοινωνία: Διαφορές μεταξύ αγροτικών και βιομηχανικών συμφερόντων, μεταξύ αστικών και αγροτικών περιοχών, μεταξύ Βορρά και Νότου, μεταξύ εθνικών ομάδων αλλά και μεταξύ προτύπων εξωτερικής πολιτικής, τα οποία θα έπρεπε να είναι σε μεγαλύτερο ή μικρότερο βαθμό φιλικά διακείμενα στην παλαιά βρετανική αποικιοκρατική δύναμη.[5] Οι ΗΠΑ έγιναν με τον τρόπο αυτό πρότυπο για όλες τις δημοκρατικές ομοσπονδίες, διότι με τον διπλασιασμό των πολιτικών διεργασιών κατάφεραν να ομαδοποιούν την πληθώρα συμφερόντων και προτιμήσεων σε μία δημοκρατική κοινότητα.[6] Σε ποιον βαθμό αυτή η ιδέα της δημοκρατικής ομοσπονδίας έχει σημασία και για την ευρωπαϊκή ολοκλήρωση θέλω να διερευνήσω στη συνέχεια.

Με μία πρώτη ματιά δεν υπάρχουν πολλές ενδείξεις ότι η ΕΕ θα εξελιχθεί κατά τον ίδιο τρόπο με τις ΗΠΑ. Κάποια τμήματα της αμερικανικής ιστορίας μπορούν ωστόσο να φανούν γνώριμα στους σημερινούς Ευρωπαίους: ο μακρύς αγώνας για την δημιουργία ενός ενιαίου και απαλλαγμένου από διακρίσεις οικονομικού χώρου, ο οποίος εκτείνεται καθόλη τη διάρκεια του 19ου αιώνα,[7] η αργή σύσταση κεντρικών υπηρεσιών,[8] η πολιτική κριτική σε ένα δικαστήριο, το U.S. Supreme Court, σε ομόσπονδο επίπεδο,[9] το οποίο θεωρούσε ότι είχε το κυρίαρχο καθήκον του προστάτη της ενότητας δικαίου (και το οποίο υπερέβαλε σημαντικά σε περιπτώσεις όπως για παράδειγμα κατά την έναρξη του αμερικανικού εμφυλίου πολέμου),[10] ή την βίαιη πολιτική αντιπαράθεση για μία κοινή εθνική Κεντρική Τράπεζα.[11] Αν συγκρίνει κανείς αυτές τις εξελίξεις με τα θεσμικά βήματα στα οποία προέβη η ΕΕ κατά τις τελευταίες δεκαετίες, τότε βλέπει ότι η ευρωπαϊκή εξέλιξη σε αντίθεση με τις κοινές προκαταλήψεις έχει συντελεσθεί με εξαιρετική ταχύτητα. Στην αμερικανική νομική και διοικητική ιστορία δεν υπήρξε εποχή, κατά την οποία τα όργανα της ομοσπονδίας να εξελίχθηκαν με την ανάλογη ταχύτητα της ευρωπαϊκής ολοκλήρωσης κατά τις τρεις δεκαετίες ανάμεσα στην υιοθέτηση της Ενιαίας Ευρωπαϊκής Πράξης το 1987 και την ΕΕ του έτους 2019 – μία εποχή, κατά την οποία ολοκληρώθηκαν οι διαδικασίες λήψης αποφάσεων καθώς και ολόκληροι τομείς πολιτικών, και μάλιστα για ένα σημαντικό μέρος των κρατών μελών με ένα κοινό νόμισμα.[12] Από αυτήν τη συγκριτική επισκόπηση, η οποία καταλαμβάνει μία μακρύτερη ιστορική προοπτική, συνάγεται ότι η δυναμική της ευρωπαϊκής ολοκλήρωσης και η ικανότητά της να εξελίσσεται περαιτέρω εμφανίζεται χωρίς διακοπή ενώ συγχρόνως η διαδρομή που έχει επιλέξει δεν φαίνεται πολύ διαφορετική από αυτήν των ΗΠΑ.

Συχνά, οι παράγοντες της διαδικασίας της ευρωπαϊκής ολοκλήρωσης εξυπηρετήθηκαν από την αμερικανική ιστορία, είτε συνειδητά είτε ασυνείδητα: όταν τα εθνικά συνταγματικά δικαστήρια επιφυλάσσονται να μην εφαρμόσουν το ενωσιακό δίκαιο στο όνομα της κατανομής αρμοδιοτήτων[13] – και με τον τρόπο αυτό επαναχρησιμοποιούν επιχειρήματα συνταγματικής θεωρίας, τα οποία διαμορφώθηκαν στον αμερικανικό Νότο πριν τον εμφύλιο πόλεμο κατά κύριο λόγο από τον *John C. Calhoun*, έναν γερουσιαστή από τη νότια Καρολίνα με μεγάλη πολιτική και πνευματική επιρροή.[14]

Ωστόσο, υπάρχουν άλλα φαινόμενα της ευρωπαϊκής ολοκλήρωσης, τα οποία μέχρι σήμερα δεν φαίνεται να ευθυγραμμίζονται καθόλου με την εξέλιξη των ΗΠΑ – και περιλαμβάνουν το ζήτημα της ενότητας και του διαχωρισμού της ΕΕ σε διαχειρίσιμα και αντικρουόμενα πολιτικά στρατόπεδα. Το ότι η ΕΕ περνάει σήμερα μία πληθώρα κρίσεων δεν εκπλήσσει όποιον γνωρίζει την ιστορία των ομοσπονδιών, οι οποίες πάντοτε μετεξελίσσονταν μέσω τέτοιων κρίσεων. Το μεγαλύτερο πρόβλημα της ολοκλήρωσης μακροπρόθεσμα φαίνεται να είναι ότι οι τρέχουσες συγκρούσεις δεν κινούνται τόσο κατά μήκος ενιαίων πολιτικών ζωνών.[15] Διότι σήμερα είμαστε Ευρωπαίοι όχι μόνο οι Έλληνες ή οι Γερμανοί, οι δεξιοί ή οι αριστεροί, οι φιλοευρωπαίοι ή οι ευρωσκεπτικιστές και ακόμα ίσως και οι φιλελεύθεροι ή οι απολυταρχικοί. Είμαστε όλα τα παραπάνω σε διαφορετικούς συνδυασμούς. Υπάρχουν έλληνες και γερμανοί, αριστεροί και δεξιοί, ίσως ακόμα και φιλελεύθεροι και απολυταρχικοί ευρωσκεπτικιστές και φιλοευρωπαίοι. Στην ΕΕ οι τελείως διαφορετικές αλλά πολύ ουσιώδεις πολιτικές συγκρούσεις δεν φαίνονται να καταλήγουν σ' εκείνο το σημείο, που παρά τις διαταραχές επέτρεψε στις ραγισμένες Ηνωμένες Πολιτείες να συγκροτήσουν μία πραγματική πολιτική ένωση.[16] Μία δημοκρατική ομοσπονδία θα ήταν ακριβώς αυτό: μία συγχώνευση πολιτικών ενώσεων, η οποία δημιουργεί μία πολιτική ένωση χωρίς να σταματήσουν να υπάρχουν οι παλιές.

Τη σημασία της ταξινόμησης των πολιτικών συγκρούσεων σε μία ενιαία διαμόρφωση βούλησης τη βιώσαμε τους τελευταίους μήνες στο παράδειγμα του *Brexit*.[17] Πολλά ειπώθηκαν για το χάος της βρετανικής πολιτικής. Όμως αν κοιτάξει κανείς πιο προσεκτικά, θα διαπιστώσει ότι εδώ εκτυλίχτηκε μία θεσμική λογική, η οποία είναι πιο δυνατή από τις προθέσεις των συμμετεχόντων: Βλέπουμε ένα πολιτικό σύστημα, που ακόμα και με πλειοψηφικό εκλογικό σύστημα δεν παρήγαγε κυβερνητική πλειοψηφία, που οδήγησε σε ένα αποτέλεσμα με μικρή διαφορά στο δημοψήφισμα, στο οποίο περίπου μόνο το 52% των ψηφισάντων ψήφισαν υπέρ του Brexit.[18] Ωστόσο, μία καταφανώς μεγαλύτερη πλειοψηφία των εκλογικών περιφερειών καθώς και η έλλειψη ενός κανόνα για τη σχέση άμεσης και κοινοβουλευτικής έκφρασης βούλησης, κατέστησε τη διαμόρφωση απόφασης σχεδόν αδύνατη.[19] Αποτελεί αυτό ένα πρόβλημα του ομοσπονδιακού συστήματος; Απολύτως, εφόσον ένα από τα κεντρικά προβλήματα της πολιτικής διαμόρφωσης βούλησης στο Ηνωμένο Βασίλειο βρίσκεται στην ελλιπή οργάνωση τοπικών συμφερόντων στη βρετανική συνταγματική τάξη, δηλαδή των συμφερόντων της Σκωτίας και της Βορείου Ιρλανδίας.[20] Αυτή η έλλειψη συμμετοχής δεν οδήγησε μόνο στο ότι η κυβέρνηση δεν διαθέτει κοινοβουλευτική πλειοψηφία, αλλά βρίσκεται και στην καρδιά του κεντρικού αντικειμενικού προβλήματος κατά τις διαπραγματεύσεις: του ζητήματος των ιρλανδικών/βορειο-ιρλανδικών συνόρων ως εξωτερικών συνόρων της ΕΕ.[21] Και στο σημείο αυτό φαίνεται η σημασία και η δυσκολία της οργάνωσης πολιτικής για τη διαμόρφωση βούλησης στην ομοσπονδιακή ποικιλομορφία.

Στη συνέχεια θα αναλυθεί το πρόβλημα της πολιτικής διαμόρφωσης βούλησης στην Ευρώπη από τη σκοπιά ενός μοντέλου δημοκρατικού ομοσπονδιακού συστήματος. Θέλω εδώ να αναφερθώ στην ιδέα ενός συντάγματος της δημοκρατικής ομοσπονδίας (II.), και στη συνέχεια σε δύο συγκεκριμένα προβλήματα: στο ζήτημα μίας ευρωπαϊκής κυβέρνησης (III.) και στο επείγον ζήτημα του χειρισμού από την πλευρά της ΕΕ των πολιτικά αποκλινόντων κρατών μελών (IV.).

## II. ΔΗΜΟΚΡΑΤΙΚΕΣ ΟΜΟΣΠΟΝΔΙΕΣ

### 1. Ο ΣΥΝΤΑΓΜΑΤΙΚΟΣ ΟΡΙΣΜΟΣ ΤΗΣ ΟΜΟΣΠΟΝΔΙΑΣ

Ο ορισμός «Ομοσπονδία» προκαλεί στις διάφορες γλώσσες και κουλτούρες αντικρουόμενους συνειρμούς. Ενώ στη Γερμανία ο όρος ομοσπονδιοποίηση χαρακτηρίζει μία ιδιαίτερη μορφή αποκέντρωσης,[22] στις άλλες γλώσσες και συγκεκριμένα στα αγγλικά, ο όρος αυτός παραπέμπει στο κεντρικό επίπεδο και τις αρμοδιότητές του.[23] Ο χαρακτηρισμός της ΕΕ ως «Ομοσπονδίας» μπορεί επομένως να ερμηνευθεί είτε ως απόγειο συγκεντρωτισμού, είτε ως αποτύπωση ελλιπούς θεσμικής ευαισθητοποίησης, με αποτέλεσμα η ΕΕ να μην είναι τίποτα περισσότερο από ένα ομόσπονδο κράτος. Δεν αποτελεί σύμπτωση το ότι ο ορισμός αυτός, τον οποίο ο *Robert Schuman* ευχόταν κατά την προηγούμενη ενσωμάτωση, διαγράφηκε πάλι από τις ιδρυτικές Συνθήκες.[24] Ο ορισμός φαίνεται να προτείνει μία τελεολογία μέχρι και την ίδρυση κράτους.

Αν παρατηρήσει κανείς την εξέλιξη ομόσπονδων σχημάτων όπως οι ΗΠΑ, η Ελβετία, η γερμανική αυτοκρατορία του 19ου αιώνα ή ακόμα και η ΕΕ μετά τον δεύτερο παγκόσμιο πόλεμο, και προσπαθήσει να διαμορφώσει την ομοσπονδία ως έννοια γένους για αυτές τις κοινότητες, θα τον βοηθήσει να κερδίσει μία άλλη θεώρηση στην εξέλιξη της ΕΕ, και κυρίως εκείνη που θα τον απελευθερώσει από την κάθε αναγκαία τελεολογία, η οποία κατηγοριοποιεί τις εξελίξεις χωρίς να λαμβάνει υπόψη το πιθανό τέλος τους.[25] Θα ήθελα να επισημάνω δύο στοιχεία που παίζουν σημαντικό ρόλο στη συζήτηση του συνταγματικού συγκριτικού δικαίου:

*Πρώτον* οι ομοσπονδίες χαρακτηρίζονται από το ότι το ζήτημα της κυρίαρχης τελικής αποφασιστικής εξουσίας παραμένει ανοιχτό.[26] Δεν υπάρχει απλή και ξεκάθαρη απάντηση στο ερώτημα ποιο επίπεδο είναι κυρίαρχο, πολύ περισσότερο κάτι τέτοιο αμφισβητείται συνήθως πολιτικά και δεν μπορεί να απαντηθεί θεσμικά. Αυτό φαίνεται να ισχύει και στην περίπτωση της ΕΕ. Η παλαιά διαμάχη μεταξύ των οπαδών της κυριαρχίας των κρατών μελών και των υποστηρικτών του ενωσιακού δικαίου δεν φαίνεται να βρίσκει λύση στο ορατό μέλλον: Οι πρώτοι μπορούν να επικαλούνται την από το διεθνές δίκαιο απορρέουσα κυριαρχία των κρατών μελών και την ανάγκη, οι Συνθήκες να τροποποιούνται με ομοφωνία.[27] Οι δεύτεροι επισημαίνουν ότι η ματιά στη συνταγματική αλλαγή δεν μπορεί να συλλάβει τη νομική δυναμική της ευρωπαϊκής ολοκλήρωσης, διότι τα ενωσιακά όργανα πρέπει να μπορούν να ορίσουν τα ίδια το εύρος των αρμοδιοτήτων τους. Ακόμα και τα κράτη μέλη λειτουργούν διαφορετικά από ό,τι τα κυρίαρχα μεμονωμένα κράτη όταν συνεδριάζουν στα διάφορα όργανα του Συμβουλίου, δηλαδή ως ήδη ενοποιημένοι εταίροι συνεργασίας. Με αυτήν την προοπτική, τα ερωτήματα ως προς την τελική αποφασιστική εξουσία μεταξύ πολιτικών οργάνων ή και μεταξύ δικαστηρίων όπως του Δικαστηρίου της Ευρωπαϊκής Ένωσης (ΔΕΕ) και των εθνικών συνταγματικών δικαστηρίων τίθενται με λανθασμένο τρόπο.[28] Το ζήτημα της κυριαρχίας ρέει σε μία διαρκή διαδικασία διαπραγμάτευσης – όπως τη γνωρίζουμε σε άλλες ομόσπονδες τάξεις, όπως αυτές των ΗΠΑ ή της Ελβετίας.

*Δεύτερον* με αυτήν τη θεώρηση συνδέεται και η πολιτική θεώρηση της συνολικής ευρωπαϊκής τάξης των εξουσιών.[29] Δεν ισχύει πάντως η διαδεδομένη στη Γερμανία αντίληψη, ότι οι αρμοδιότητες διαφορετικών πολιτικών επιπέδων μπορούν να οριστούν αποκλειστικά μέσω αρχών του δικαίου και στη συνέχεια να παραδοθούν στον δικαστικό έλεγχο. Αυτή η αντίληψη επικρατεί σε πολιτικώς ισχυρά εδραιωμένα ομόσπονδα κράτη όπως η Ομοσπονδιακή Δημοκρατία της Γερμανίας, στην οποία το ζήτημα του αρμόδιου επιπέδου για τη λήψη μίας απόφασης δεν μπορεί να προκαλέσει θεμελιώδεις πολιτικές συγκρούσεις.[30] Παρόμοια πάντως νομικίστικη αντίληψη είναι ασυνήθιστη και ακατάλληλη και για ομόσπονδα σχήματα, στα οποία ειδικά το ερώτημα της αρμοδιότητας ενός επιπέδου είναι πολιτικά ευαίσθητο. Αυτό δεν σημαίνει ότι οι κανόνες αρμοδιότητας δεν θα είχαν σε τέτοια σχήματα νομικό περιεχόμενο, το οποίο θα μπορούσε να ελεγχθεί δικαστικώς. Όμως σημαίνει απολύτως ότι ο έλεγχος αυτός λειτουργεί κατά διαφορετικό τρόπο αν συγκριθεί με τη νομολογία για τα θεμελιώδη δικαιώματα, διότι ο έλεγχος των αρμοδιοτήτων πρέπει να ενέχει διακριτική ένταση και υψηλή ευαισθησία για την πολιτική διαμόρφωση βούλησης στα ομοσπονδιακά επίπεδα. Ο έλεγχος των αρμοδιοτήτων που ασκεί το αμερικανικό Ανώτατο Δικαστήριο και ο οποίος δεν οδήγησε δεκαετίες μετά το *New Deal* στην ανάκληση ομοσπονδιακών πράξεων από το αμερικανικό Ανώτατο Δικαστήριο, αποτελεί στην περίπτωση αυτή γνωστό παράδειγμα,[31] ωστόσο ανάλογες πτυχές βρίσκονται και στην ΕΕ.[32] Η κατανομή των αρμοδιοτήτων αποδεικνύεται πολιτικά μετακινούμενη, χωρίς πάντως κάτι τέτοιο να την κάνει ανεξέλεγκτη. Αυτή η αντίληψη της διάκρισης των εξουσιών δεν πρέπει πάντα να λειτουργεί προς όφελος του επιπέδου της ΕΕ. Όταν ένα κράτος μέλος αντιστέκεται πολιτικά ή συνταγματικά, πρέπει και το ΔΕΕ να εκτιμήσει, για ποιες συγκρούσεις είναι το ίδιο έτοιμο και ικανό.[33]

## 2. ΠΟΛΙΤΙΚΟΣ ΣΥΝΤΑΓΜΑΤΙΚΟΣ ΟΡΙΣΜΟΣ ΓΙΑ ΤΗΝ ΕΕ

Αν εμπλακεί κανείς σε μια τέτοια θεώρηση των πραγμάτων, θα έχει συνέπειες για τον ορισμό της ευρωπαϊκής συνταγματοποίησης. Διότι η δημιουργία ομοσπονδιακών πολιτικών ενώσεων θυμίζει ότι το Σύνταγμα δεν αποτελεί απλώς έναν κανόνα δικαίου, αλλά ένα πολιτικό ιδρυτικό κείμενο, και ότι η διαδικασία της συνταγματοποίησης δεν μπορεί να κατανοηθεί απλώς ως καθαρή νομική κατοχύρωση, η οποία απευθύνει στα κράτη μέλη συνεχώς νέους κανόνες.[34]

Οι «ευρωπαιολόγοι» συχνά παραβλέπουν την πολιτική αντίληψη του συνταγματικού ορισμού, διότι για πολύ καιρό επένδυσαν στην παράδοση του *Walter Hallstein*, να θεωρούν τη διαδικασία της ευρωπαϊκής συνταγματοποίησης ως καθαρά νομική: όσο περισσότεροι ενιαίοι κανόνες δεσμεύουν τα κράτη μέλη στα όργανα της ΕΕ, και όσα περισσότερα κοινά υποκειμενικά δικαιώματα έχουν οι πολίτες της Ευρώπης, τόσο περισσότερο φαίνεται δικαιολογημένο να μιλάμε για ένα Ευρωπαϊκό Σύνταγμα: Η ευρωπαϊκή ολοκλήρωση αποτελεί κατά τα λόγια του *Hallstein* μία «κοινότητα δικαίου».[35]

Το γεγονός ότι η επαναστατική συνταγματική παράδοση της Γαλλίας και των ΗΠΑ, στην οποία αναφέρονται ευχαρίστως οι Ευρωπαίοι όταν τους συμφέρει, ήταν πάντοτε μία παράδοση, η οποία έπρεπε να προωθεί την πολιτική εξουσία, παρέμενε για πολύ καιρό στο παρασκήνιο. Τα συντάγματα όμως δεν περιορίζουν την πολιτική διαδικασία, η οποία υπάρχει ήδη, τη δημιουργούν, τη διαμορφώνουν και αυτό σημαίνει ότι το πράττουν με γνώμονα την σχέση δικαίου και πολιτικής: Τα συντάγματα καθιερώνουν μία νέα πολιτική ένωση και αποτελεί καθήκον τους να μην περιορίζουν την υπάρχουσα-διατυπωμένη πολιτική, αλλά να την διατηρούν σε θέση να λαμβάνει αποφάσεις. Η δημιουργία του Ευρωπαϊκού Κοινοβουλίου και το γεγονός ότι η πολιτική διαμόρφωση βούλησης μέσα στο Κοινοβούλιο αποσυνδέθηκε από την προέλευση των βουλευτών από εγκεκριμένα κράτη μέλη οδήγησε στο ότι είναι σημαντικότερος ο πολιτικός προσανατολισμός από την υπηκοότητα,[36] και αυτό είναι ένα μόνο παράδειγμα για την πολιτικώς αντιλαμβανόμενη ευρωπαϊκή συνταγματοποίηση.[37]

Όλα αυτά όπως θα δούμε έχουν τη νομική τους σημασία, διότι θα μας θυμίσουν ότι στην προστασία του ευρωπαϊκού Συντάγματος δεν συμβάλλουν μόνο δικαιοκρατικά στοιχεία αλλά και δημοκρατικά.[38] Μία όχι καθαρά νομική αντίληψη του Συντάγματος εξηγεί καλύτερα και τον χαρακτήρα της ευρωπαϊκής ομοσπονδίας, η οποία αποτελείται από ποικιλομορφία ανεξάρτητων δημοκρατικών διαδικασιών, οι οποίες δεν προέρχονται από ενιαία πηγή νομιμοποίησης, αλλά από διαφορετικές πολιτικές διαδικασίες.

## 3. ΠΟΛΥΜΕΡΕΙΣ «ΕΘΝΙΚΟΤΗΤΕΣ»

Η πολιτική αυτή ποικιλομορφία προσφέρει στην ΕΕ και πολυπλο-κότητα, με αποτέλεσμα οι πολίτες της Ευρώπης πέρα από όλες τις κοινωνικές και πολιτικές διαφορές τους να έχουν και τελείως διαφορετική εικόνα για το ποια πολιτική οντότητα είναι αποφασιστική για αυτούς.

Πολλοί ευρωπαίοι θεωρούν τους εαυτούς τους καταρχήν πολίτες του κράτους μέλους τους, ωστόσο υπάρχουν και πολλοί άλλοι, οι οποίοι θεωρούν τους εαυτούς τους περισσότερο ως ευρωπαίους από ό,τι υπηκόους του κράτους μέλους τους. Επίσης, υπάρχουν και άλλοι – όπως στην Καταλονία, την Σκωτία, εν μέρει και στη Βαυαρία ή την Περιφέρεια της Φλάνδρας – που τοποθετούν την πρωταρχική τους υπαγωγή σε ένα ομόσπονδο κράτος. Οι διαφορετικές αυτές προτιμήσεις είναι πολύ σημαντικές, διότι σύμφωνα με αυτές μπορεί να υπολογισθεί η αποδοχή διαφορετικών αποφασιστικών κανόνων σε διάφορα επίπεδα. Όποιος αντιλαμβάνεται τον εαυτό του καταρχήν υπήκοο ενός κράτους μέλους, θα καλωσορίσει την ομοφωνία σε ευρωπαϊκό επίπεδο, ενώ όποιος θεωρεί τον εαυτό του Ευρωπαίο όχι. Όταν όμως οι ταυτότητες είναι κατακερματισμέ-νες, δεν υπάρχει πλέον σαφής κανόνας που να μπορεί να απαντήσει στο ερώτημα, σε ποιο επίπεδο και με ποιους κανόνες λαμβάνονται οι αποφάσεις πολιτικώς νόμιμα.[39] Με αυτά τα προβλήματα συνδέεται το γεγονός ότι οι ισχύοντες κανόνες λήψης αποφάσεων στο Συμβού-λιο είναι τόσο περίπλοκοι που κανείς δεν μπορεί να τους κατανοήσει. Και αυτό αποτελεί βαριά δημοκρατική υποθήκη για την Ένωση. Θα μπορούσε να πει κανείς: οι σαφείς και κατανοητοί κανόνες είναι για τις πολιτικές διαδικασίες, οι οποίες εξυπηρετούν τον καθένα, ουσιώ-δες στοιχείο για την επιτυχή συνταγματοποίηση.

Και με αυτήν την προετοιμασία θα στραφούμε τώρα σε δύο παραδείγματα που θα μας βοηθήσουν να κατανοήσουμε τις τρέχουσες κρίσεις της ομοσπονδιακής κατασκευής της ΕΕ. Έχω επιλέξει μεταξύ πολλών ένα περισσότερο θεμελιώδες, το ζήτημα της ευρωπαϊκής κυβέρνησης (III.), και ένα περισσότερο επίκαιρο αλλά και συστηματικώς κεντρικό, το ζήτημα του χειρισμού αποκλινόντων τμημάτων μίας ομοσπονδίας (IV.).

## III. ΤΟ ΖΗΤΗΜΑ ΤΗΣ ΕΥΡΩΠΑΪΚΗΣ ΚΥΒΕΡΝΗΣΗΣ

### 1. ΚΥΒΕΡΝΗΣΗ ΣΕ ΟΜΟΣΠΟΝΔΕΣ ΤΑΞΕΙΣ

Ο θεσμός της «Κυβέρνησης» δεν περιορίζεται σε καμία περίπτωση μόνο σε κυρίαρχα κράτη.[40] Περιφέρειες, κράτη, αλλά ακόμα και οι Οργανισμοί Τοπικής Αυτοδιοίκησης (ΟΤΑ) διαθέτουν στην πλειονότητά τους αναγνωρίσιμη πολιτική ηγεσία, η οποία καθοδηγεί τον πολιτικό προσανατολισμό της κοινωνίας ακόμα και όταν αυτή έχει στη διάθεσή της περιορισμένες μόνο αρμοδιότητες. Η κυβέρνηση δεν αποτελεί χαρακτηριστικό μόνο των κυρίαρχων κρατών.

Ο κανόνας αυτός πάντως έχει και μία εξαίρεση, τους διεθνείς οργανισμούς.[41] Οι διεθνείς οργανισμοί διαθέτουν κατά κανόνα καθαρή διοικητική ηγεσία, ενώ οι θέσεις αυτές δεν ονομάζονται συμπτωματικά «Γραμματείες».[42] Δεν μπορούν καταρχήν να διεκδικήσουν τη δική τους πολιτική νομιμοποίηση, αλλά πρέπει να θεωρηθούν υποστηρικτές υπηρεσίες των κυρίαρχων κρατών, τα οποία είναι αρμόδια στο σύνολό τους για την πολιτική ηγεσία των διεθνών οργανισμών. Αντιθέτως, στα ομοσπονδιακά συστήματα πολλαπλασιάζονται οι κυβερνήσεις, εδώ επαναλαμβάνονται ακόμη και οι τίτλοι των προέδρων των κυβερνήσεων, και σε κάθε περίπτωση αυξάνονται οι οργανωτικές μορφές, μέσω των οποίων σε κεντρικό και ομόσπονδο επίπεδο ασκείται παράλληλα ή και αντίθετα διοίκηση. Η διαφορά ανάμεσα σε μία ομοσπονδιακή μορφή οργάνωσης και στην απλή αποκέντρωση έγκειται στο γεγονός ότι στην πρώτη περίπτωση πρέπει να υφίστανται πολιτικά όργανα και στα δύο επίπεδα.[43]

Ταυτόχρονα στις ομόσπονδες τάξεις η λειτουργία της κυβέρνησης είναι ειδικά κατά το πρώιμο στάδιο πάντοτε ένα λεπτό ζήτημα. Αυτό ισχύει ιδιαιτέρως για την κλασική λειτουργία της κυβέρνησης: τη διατήρηση των εξωτερικών σχέσεων. Υπό αυτήν την έννοια, ομόσπονδα σχήματα όπως αυτό της παλαιάς γερμανικής αυτοκρατορίας διατήρησαν δεκαετίες μετά την ίδρυσή τους τις δικές τους πρεσβείες κρατών όπως της Πρωσίας ή της Βαυαρίας.[44] Σήμερα συναντά κανείς αυτές τις μορφές στο Βέλγιο, του οποίου τα κρατίδια δεν διατηρούν μόνο δικές τους εξωτερικές αντιπροσωπείες σε άλλα κράτη, αλλά τα τοπικά τους κοινοβούλια πρέπει να συναινούν στην σύναψη διεθνών συμφωνιών.[45] Αλλά και το γερμανικό συνταγματικό δίκαιο γνωρίζει τα υπολείμματα τέτοιων δομών, όπως για παράδειγμα όταν ο τοπικός υπουργός μετέχει ως αντιπρόσωπος συνολικά της Ομοσπονδιακής Δημοκρατίας στο Συμβούλιο των Υπουργών και διαπραγματεύεται κανονιστικές πράξεις σε συγκεκριμένα ζητήματα, όπως το δίκαιο των ραδιοτηλεοπτικών μεταδόσεων.[46] Εν πάση περιπτώσει, μπορεί να αμφισβητηθεί το αν μια τέτοια δομή αντιπροσωπεύει πραγματικά την ομοσπονδιακή ποικιλομορφία εξωτερικά, εάν οι διεθνείς σχέσεις που έχουν διαμορφωθεί πρέπει να εφαρμόζονται ομοιόμορφα σε ολόκληρη την ομοσπονδία. Εδώ ισχύει το γνωμικό του *James Madison* από το Νο. 42 των Federalist Papers: «*If we are to be one nation in any respect, it clearly ought to be in respect to other nations.*»[47] Στην ΕΕ πάντως εδώ και καιρό δεν ισχύει αυτό το γνωμικό.

## 2. ΑΝΑΖΗΤΩΝΤΑΣ ΤΗΝ ΚΥΒΕΡΝΗΣΗ ΤΗΣ ΕΕ

Η ΕΕ αποτελούσε ήδη από τις αρχές της ως Ευρωπαϊκή Κοινότητα Άνθρακα και Χάλυβα και Ευρωπαϊκή Οικονομική Κοινότητα μία ειδική περίπτωση, διότι η Ανώτατη Αρχή, η μετέπειτα Επιτροπή, ήταν εξαρχής κάτι περισσότερο από μία απλή Γραμματεία ενός διεθνούς οργανισμού.[48] Αυτό το «περισσότερο» αναφερόταν λιγότερο στην πολιτική διαδικασία και πιο πολύ στις ασυνήθιστες για το διεθνές δίκαιο εκτελεστικές αρμοδιότητες της Επιτροπής. Στο πλαίσιο αυτό πλησίαζε περισσότερο στις κρατικές διοικήσεις παρά σε μία ευρωπαϊκή κυβέρνηση.[49] Η Επιτροπή απέκτησε ήδη με το μονοπώλιο της νομοθετικής πρωτοβουλίας που προβλεπόταν στην πρώτη Συνθήκη ΕΟΚ την ασυνήθιστη πολιτική εντολή να εξασφαλίζει την περαιτέρω ανάπτυξη της ολοκλήρωσης, όμως πάντοτε στο πλαίσιο της Συνθήκης.[50] Εάν κάποιος σχεδιάσει μια ευθεία γραμμή ανάπτυξης από αυτήν τη θεσμικά ισχυρή αφετηρία μέχρι τη δεκαετία του 1980, στην οποία οικοδομείται η εξέλιξη του Ευρωπαϊκού Κοινοβουλίου, θα περίμενε ότι η Ευρωπαϊκή Επιτροπή θα γινόταν ευρωπαϊκή κυβέρνηση σε επίπεδο ΕΕ - ανεξάρτητα από τον αριθμό των αρμοδιοτήτων από τις οποίες τα κράτη μέλη θα ήταν διατεθειμένα να παραιτηθούν. Ο *Walter Hallstein* ως πρόεδρος της Επιτροπής ήθελε ήδη από την δεκαετία του 1960 σε μία συνέντευξη να χαρακτηρισθεί ως «Πρωθυπουργός» της ΕΕ, πράγμα που ωστόσο απέτρεψαν τα κράτη μέλη.[51] Η Επιτροπή έφτασε στο αποκορύφωμα της θεσμικής της σημασίας με τη «Λευκή Βίβλο για την Ολοκλήρωση της Εσωτερικής Αγοράς» υπό τον *Jacques Delors* στα μέσα της δεκαετίας του 80.[52]

Η εξέλιξη αυτή συνδέεται με την συνεχώς αυξανόμενη άμεση πολιτική συνεργασία των κυβερνήσεων των κρατών μελών εντός της ΕΕ. Τόσο οι νέοι τομείς πολιτικής που προβλέπονται στη Συνθήκη του Μάαστριχτ όσο και η αργά αναδυόμενη θεσμοθέτηση του Ευρωπαϊκού Συμβουλίου ως ενός είδους άτυπου υπερ-οργάνου, που πολιτικά καταργεί τόσο τις αρμοδιότητες όλων των οργάνων του

Συμβουλίου όσο και τις αρμοδιότητες των κρατών μελών να τροποποιούν τις Συνθήκες, έχουν αναχαιτίσει την άνοδο της Επιτροπής.[53] Η εξέλιξη αυτή επισημοποιήθηκε με τη Συνθήκη της Λισαβόνας, η οποία, εκτός από τον Πρόεδρο της Επιτροπής (και την εκ περιτροπής Προεδρία του Συμβουλίου της ΕΕ),[54] συνέστησε και τον θεσμό του Προέδρου του Συμβουλίου. Με τον τρόπο αυτό η ΕΕ επικύρωσε τους δύο Προέδρους και έτσι την αρχή της διαιρεμένης κυβέρνησης.[55]

Αν αναρωτηθεί κανείς σήμερα ποιος αναλαμβάνει κυβερνητικές λειτουργίες στην ΕΕ, θα λάβει πολύ διαφορετικές απαντήσεις.[56] Η Επιτροπή εξακολουθεί να έχει το δικαίωμα νομοθετικής πρωτοβουλίας, κάτι το οποίο ουσιαστικά διεκδικείται όλο και περισσότερο από τα όργανα του Συμβουλίου.[57] Σε ορισμένους τομείς, η Επιτροπή μπορεί να λάβει εκτεταμένες διοικητικές αποφάσεις και να καθορίσει επίσης διεθνείς σχέσεις, όπως το δίκαιο του ανταγωνισμού και το διεθνές εμπορικό δίκαιο. Ταυτόχρονα, πολλά θέματα εξωτερικής πολιτικής εκπονούνται από τα όργανα του Συμβουλίου, ενώ άλλα τελικά οργανώνονται μόνο από μεμονωμένα, ισχυρά κράτη μέλη, όπως οι πολιτικά ιδιαίτερα σημαντικές διαπραγματεύσεις με την Ουκρανία. Τουλάχιστον τέσσερις επιτροπές έρχονται στο νου: η Επιτροπή, η Προεδρία του Συμβουλίου, ο Πρόεδρος του Ευρωπαϊκού Συμβουλίου και το Ευρωπαϊκό Συμβούλιο.

Πολλά προβλήματα νομιμότητας της ΕΕ απορρέουν από αυτόν τον κατακερματισμό. Ο ορισμός μιας κυβέρνησης εξυπηρετεί συμβολικά, αφενός, τον ορισμό μίας αρχής που αναλαμβάνει την πολιτική ηγεσία και, αφετέρου, μίας που μπορεί να λογοδοτεί για την πολιτική εξέλιξη.[58] Αυτό είναι πολύ σημαντικό τόσο για το εξωτερικό όσο και για το εσωτερικό του κράτους. Απαντά στο ερώτημα σε ποιον πρέπει να απευθύνονται οι ξένες δυνάμεις, καθώς και στο ερώτημα με ποιον ανταγωνίζονται πολιτικά άλλοι θεσμοί.

Ένα παράδειγμα: Η εξουσία του Προέδρου του *Federal Reserve*, του Προέδρου της αμερικανικής κεντρικής τράπεζας, νομιμοποιείται μόνο εφόσον ασκείται σε σχέση με τον Πρόεδρο των ΗΠΑ. Ακόμα και όταν η τράπεζα είναι ανεξάρτητη από την κυβέρνηση, πρέπει να υπάρχει ένα αντιστάθμισμα μεταξύ της δημοκρατικής και της τεχνοκρατικής εξουσίας, προκειμένου να είναι πολιτικά αποδεκτή η τεχνοκρατική εξουσία της τράπεζας. Η ΕΕ κατόρθωσε να εισαγάγει μία πολύ ισχυρή κεντρική τράπεζα με έναν ισχυρό Πρόεδρο για τον οποίο δεν αντιστοιχεί κάποιο σαφές πολιτικό αντιστάθμισμα.[59] Με τον τρόπο αυτό, η νομιμοποίηση της τράπεζας τίθεται υπό αμφισβήτηση και μάλιστα ανεξάρτητα από το ζήτημα των αποφάσεων που λαμβάνει, επειδή η ανεξαρτησία της δεν εντάσσεται σε μια σαφώς υπεύθυνη πολιτική διαδικασία, αλλά σε μια διάχυτη μορφή ταυτόχρονης διαμόρφωσης της βούλησης. Εάν ακόμα υποτεθεί ότι η διαμόρφωση της βούλησης στις εσωτερικές επιτροπές της Ευρωπαϊκής Κεντρικής Τράπεζας (ΕΚΤ) αναπτύσσεται κατά μήκος των εθνικών συμφερόντων των κρατών μελών, δηλαδή εάν υπάρχει ένα είδος δημοκρατικής ομοσπονδίας στο πλαίσιο της τεχνοκρατικής υπηρεσίας, ακόμα και τότε η ανεξαρτησία της ΕΚΤ δεν μπορεί να βρει εύκολα πειστική αιτιολογία. Στο σημείο αυτό είναι σημαντικό να τονίσουμε για μια ακόμη φορά ότι το πρόβλημα της έλλειψης κυβέρνησης δεν έχει συστηματικά καμία σχέση με την πληθώρα των αρμοδιοτήτων. Είναι επίσης δυνατό να δημιουργηθούν σαφείς πολιτικές ευθύνες για μια πολιτική εξουσία που είναι πολύ περιορισμένη στις αρμοδιότητές της. Αλλά αυτή η άποψη δεν ήταν ποτέ θεσμικά σημαντική στη διαδικασία της πολιτικής ολοκλήρωσης. Αντιθέτως, είναι χαρακτηριστικό της ευρωπαϊκής ολοκλήρωσης ότι η αντίθεση μεταξύ του επιπέδου των κρατών μελών και του επιπέδου της ΕΕ έχει ενσωματωθεί στην οργάνωση της ΕΕ. Στην ΕΕ δεν υπάρχει μόνο μια κρατική εκπροσώπηση, όπως σε όλες τις ομοσπονδιακές τάξεις,[60] αλλά και μια αδιαφανής συνύπαρξη ενωσιακών, υπερεθνικών και διακυβερνητικών μορφών οργάνωσης.

Αυτό οδηγεί επίσης στο σπάνιο αποτέλεσμα ότι, στις πολιτικές συζητήσεις των κρατών μελών, η «ΕΕ» θεωρείται πολύ συχνά υπεύθυνη για τις αποφάσεις που ελήφθησαν (ή απετράπησαν) ουσιαστικά από τα κράτη μέλη, αλλά στις οποίες οι πραγματικοί υπερεθνικοί φορείς δεν είχαν σχεδόν καμία συμμετοχή. Ούτε η κρίση του ευρώ ούτε η προσφυγική κρίση σχεδιάστηκαν ουσιαστικά από την Επιτροπή.[61] Υπό αυτήν την εκδοχή, η «ΕΕ» γίνεται αντικείμενο πολιτικής ανάθεσης ευθύνης που δεν θα αντιστοιχούσε σε ένα σύνταγμα των θεσμικών οργάνων τα οποία θα μπορούσαν πραγματικά να αναλάβουν αυτή την ευθύνη. Αυτό συμβαίνει κατά κύριο λόγο επειδή ελλείπει μία κυβέρνηση. Εδώ εμφανίζεται προφανώς ένα παράδοξο: Η ΕΕ έχει ένα τόσο ισχυρό σύνολο αρμοδιοτήτων που τα κράτη μέλη είναι διατεθειμένα να αποδεχθούν αυτήν την εξουσία μόνο εάν συμμετέχουν στην άσκηση των αρμοδιοτήτων.[62] Ως εκ τούτου, αυτό σημαίνει ότι πρέπει να εγκαταλείψουμε το μοντέλο της κυβέρνησης για την ΕΕ.

## 3. ΠΟΛΙΤΙΚΟΣ ΡΟΛΟΣ ΓΙΑ ΤΗΝ ΕΥΡΩΠΑΪΚΗ ΕΠΙΤΡΟΠΗ;

Η εξέλιξη αυτή είναι ακόμη πιο αξιοσημείωτη, διότι τα τελευταία χρόνια η Ευρωπαϊκή Επιτροπή διακηρύσσει όλο και περισσότερο ότι θέλει να αντιμετωπίζεται ως πολιτικό όργανο.[63] Αλλά μια πολιτική Επιτροπή θα απαιτεί να λειτουργεί ως μία μορφή κυβέρνησης της ΕΕ. Εντούτοις, τίθεται το ερώτημα από πού, υπό τις τρέχουσες πολιτικές και νομικές συνθήκες, θα μπορούσε να προέλθει ένας τέτοιος πολιτικός ρόλος.

Μια *πρώτη* απάντηση μπορεί αρχικά να προκύψει από πραγματικά πολιτικές, δηλαδή από κομματικο-πολιτικές προτιμήσεις της Επιτροπής. Ασφαλώς, η *σύνθεση* της Επιτροπής είναι προϊόν μιας πολύπλοκης αναλογίας των κρατών-μελών και των πολιτικών κομμάτων.[64] Δεν είναι επομένως δυνατή η κατανόησή της ως πολιτικής επιτροπής με την έννοια ενός συγκεκριμένου πολιτικού προσανατολισμού. Παραμένει και μετά τις ευρωπαϊκές εκλογές του 2019 ένα πρόγραμμα συνασπισμού όλων των κομμάτων. Αυτό δεν πρέπει να αποκλείει την ανάληψη κυβερνητικών λειτουργιών. Εξάλλου υπάρχουν κυβερνήσεις σε πολλά εθνικά κράτη, συμπεριλαμβανομένων των κρατών μελών της ΕΕ όπως η Γερμανία, οι οποίες κυβερνώνται τελικά από έναν προγραμματικά διάχυτο μεγάλο συνασπισμό.[65] Ακόμη πιο κοντά στην ευρωπαϊκή περίπτωση θα μπορούσε να είναι το Ελβετικό Ομοσπονδιακό Συμβούλιο, το οποίο έχει από το 1959 μία σύνθεση που καθορίζεται από την εφαρμογή ενός αναλογικού τύπου.[66] Μπορεί να αναρωτηθεί κανείς, πώς λειτουργεί στην Ελβετία η πολιτική ηγεσία. Σε κάθε περίπτωση, το ομοσπονδιακό συμβούλιο προσφέρει μια ενδιαφέρουσα θεσμική προοπτική για τη μελλοντική ανάπτυξη της Επιτροπής. Ταυτόχρονα, η Ελβετία προς το παρόν εξακολουθεί να μην αναγνωρίζει μια τέτοια άμεση πολιτικοποίηση της κυβερνητικής της λειτουργίας, όπως τα περισσότερα άλλα κράτη, αλλά πάντως ως κυβέρνηση λειτουργεί κατά διαφορετικό τρόπο από ό,τι η Επιτροπή και εξασφαλίζει περαιτέρω πολιτικοποίηση, δηλαδή με το καίριο εργαλείο του δημοψηφίσματος.[67]

Δεύτερον θα μπορούσε η ζητούμενη πολιτική λειτουργία της ΕΕ να γίνει αντιληπτή ως λιγότερο πολιτική από θεσμική. Σε αυτήν την περίπτωση, η πολιτική ανησυχία της Επιτροπής θα ήταν να διαμορφώσει μια ατζέντα για την περαιτέρω ανάπτυξη της ΕΕ. Είναι αξιοσημείωτο ότι η Επιτροπή τελικά αρνήθηκε να το κάνει αυτό, αναπτύσσοντας πέντε διαφορετικά σενάρια για τη θεσμική ανάπτυξη της ΕΕ στη «Λευκή Βύβλο για το μέλλον της Ευρώπης» τον Μάρτιο του 2017, χωρίς να υποστηρίζει ρητά κανένα από αυτά.[68] Αυτή η αξιοσημείωτη κίνηση όχι μόνο έρχεται σε αντίθεση με την ιδέα της πολιτικής ηγεσίας, η οποία θα πρέπει να συνδέεται με τους σκοπούς μιας πολιτικής Επιτροπής, αλλά και με τον παραδοσιακό ρόλο της Επιτροπής από τη Συνθήκη της Ρώμης, βάσει του οποίου η Επιτροπή μπορούσε να αποφασίζει για τις δικές της πρωτοβουλίες, αλλά δεν είχε τη δυνατότητα να επεξεργάζεται επιλογές, μεταξύ των οποίων θα μπορούσαν να αποφασίσουν τελικά τα κράτη μέλη. Αντίθετα, η διαδικασία προϋποθέτει ότι η προτείνουσα Επιτροπή ταυτίζεται πολιτικά με την πρότασή της.[69]

*Τρίτον*, αναζητώντας έναν πραγματικά πολιτικό ρόλο για την Επιτροπή, ίσως θα μπορούσε κάποιος να τον βρει αλλού: Η Επιτροπή αντιλαμβάνεται τον ρόλο της όλο και περισσότερο ως συντονιστή για τις συγκρούσεις μεταξύ των κρατών μελών.[70] Για τον σκοπό αυτό είναι διατεθειμένη να εγκαταλείψει τον παραδοσιακό ρόλο της εποπτείας της νομιμότητας των κρατών μελών[71] και να προβεί σε συμβιβασμούς, εξαιρώντας τα κράτη μέλη από τις υποχρεώσεις τους βάσει του δικαίου της ΕΕ ή μη διώκοντας παραβάσεις. Αυτό παρατηρήθηκε τόσο κατά τη διάρκεια της ευρωπαϊκής κρίσης χρέους όσο και της μεταναστευτικής κρίσης.[72] Βέβαια δεν αποκλείεται μια ομοσπονδία να διαμορφωθεί κατά τέτοιο τρόπο, ώστε τα μέλη της να μπορούν να ανταποκριθούν με ευελιξία σε συγκεκριμένες προκλήσεις, δεδομένου ενός πυκνού δικτύου νομικών υποχρεώσεων. Είναι τελείως διαφορετικό ζήτημα εάν μπορεί κανείς να θεωρήσει την παραχώρηση τέτοιας ευελιξίας ως πολιτική ηγεσία. Υπό αυτό το πρίσμα, τόσο ο ρόλος της Επιτροπής ως «έντιμου διαμεσολαβητή» μεταξύ των κυβερνήσεων των κρατών μελών όσο και το, για το σκοπό αυτό, συσταθέν εργαλείο της άμβλυνσης των νομικών υποχρεώσεων εμφανίζεται ως οπισθοδρόμηση από την ήδη επιτευχθείσα υπερεθνική δομή στο κλασικό δίκαιο των διεθνών οργανισμών. Η διαμεσολάβηση μεταξύ των κρατών αποτελεί καθήκον των γραμματειών διεθνών οργανισμών οι οποίες δεν μπορούν να διεκδικήσουν πολιτική ηγεσία.[73] Δεν είναι λοιπόν περίεργο το γεγονός ότι η χρήση διεθνών μέσων έχει αποκτήσει όλο και μεγαλύτερη σημασία, ιδίως στην κρίση του ευρώ.[74] Με την επιστροφή σε μορφές διεθνούς δικαίου, το ζήτημα του τόπου της κυβέρνησης τίθεται στο παρασκήνιο. Ωστόσο, αυτό δεν επιλύει το πρόβλημα της νομιμότητας που απορρέει από την απουσία του. Αντιθέτως, φαίνεται να επιδεινώνεται.

## IV. Η ΑΝΤΙΜΕΤΩΠΙΣΗ ΤΩΝ ΑΠΟΚΛΙΝΟΝΤΩΝ ΚΡΑΤΩΝ ΜΕΛΩΝ

Ένα περαιτέρω κρίσιμο ζήτημα, χαρακτηριστικό των δημοκρατικών ομοσπονδιών έγκειται στην αντιμετώπιση πολιτικά αποκλινόντων κρατών μελών.

### 1. ΕΝΑ ΑΛΥΤΟ ΖΗΤΗΜΑ ΔΗΜΟΚΡΑΤΙΚΩΝ ΟΜΟΣΠΟΝΔΙΩΝ

Οι ομοσπονδίες είναι πολιτικές κοινότητες αποτελούμενες από άλλες πολιτικές κοινότητες. Αυτό προϋποθέτει έναν ορισμένο βαθμό πολιτικής ομοιομορφίας μεταξύ όλων των μελών και μεταξύ των μελών και του ανωτάτου επιπέδου της Ομοσπονδίας. Αυτή η ομοιομορφία αποτυπώνεται στα περισσότερα ομοσπονδιακά συντάγματα, όπως το αμερικανικό, ελβετικό ή γερμανικό σύνταγμα, τα οποία ρυθμίζουν ρητώς ότι η Ομοσπονδία και τα μέλη της πρέπει να δώσουν στον εαυτό τους μία ορισμένη, ας το ονομάσουμε δημοκρατική, μορφή διακυβέρνησης.[75] Μπορούμε να πάμε ένα βήμα παραπέρα και να υποθέσουμε ότι η δυνατότητα της ομοσπονδιακής πολυμορφίας μπορεί να πραγματοποιηθεί μόνο εάν όλα τα πολιτικά μέρη της ομοσπονδίας δεν έχουν μόνο την ίδια αλλά και μια δημοκρατική δομή.[76] Διότι μόνο υπό δημοκρατικές συνθήκες υπάρχει η πολιτική ελευθερία να συνυπάρχουν οι διαφορετικές πολιτικές προτιμήσεις. Αυτό δεν ισχύει μόνο για τις θεσμικές αρχές μιας ομοσπονδίας στις οποίες αυτή εξακολουθεί να συνδέεται στενά με τις μορφές διεθνούς δικαίου, αλλά ισχύει και για την περαιτέρω ενοποίηση.

Εγείρεται έτσι το ερώτημα πόσο μακριά μπορούν να φθάσουν τέτοιες πολιτικές ελευθερίες των μελών και τι συμβαίνει όταν αυτές ξεπεραστούν, πράγμα που σήμερα μας απασχολεί ιδιαιτέρως στην ΕΕ. Πριν όμως φτάσουμε σε αυτό, θα πρέπει να συνειδητοποιήσουμε ότι το εν λόγω πρόβλημα αφενός δεν είναι καινούριο και αφετέρου ότι έχει παραμείνει μέχρι στιγμής ανεπίλυτο. Διότι πολλές από τις βασικές ιδεολογικές συγκρούσεις των σημερινών ομόσπονδων κρατών πυροδοτήθηκαν από το συγκεκριμένο ακριβώς το ερώτημα: τη σύγκρουση μεταξύ κεντρικού και κρατικού επιπέδου γύρω από τον θεμελιώδη προσανατολισμό της Ομοσπονδίας. Με τον τρόπο αυτό ερμηνεύεται ο αμερικανικός εμφύλιος πόλεμος καθώς και η αποφασιστική για το Ελβετικό Σύνταγμα εμφύλια σύρραξη (*Sonderbundskrieg*)[77] ή η σύγκρουση μεταξύ Πρωσίας και Αυστρίας για την περαιτέρω ανάπτυξη της Γερμανικής Συνομοσπονδίας.[78] Οι εμπειρίες αυτές ενδιαφέρουν εμάς τους Ευρωπαίους και σήμερα για διάφορους λόγους παρόλο που οι θεσμικές και κοινωνικές συνθήκες ήταν στο παρελθόν τελείως διαφορετικές.[79]

*Πρώτον* οι συγκρούσεις αυτές καταδεικνύουν τις τεράστιες χρονικές περιόδους με τις οποίες πρέπει κανείς να υπολογίζει προτού οι ετερογενείς πολιτικές οντότητες κατορθώσουν να ενταχθούν σε μια κοινότητα αντάξια του ονόματος μιας πολιτικής ομοσπονδίας. Οι πολιτικές εξελίξεις που οδήγησαν στις συγκρούσεις αυτές και την αντιμετώπισή τους, διήρκησαν δεκαετίες, αν όχι αιώνες.

*Δεύτερον* φαίνεται ότι τέτοιες συγκρούσεις μπορούν να αποτελέσουν την άμεση αντίδραση σε πολύ γρήγορες εκρήξεις ενσωμάτωσης. Οι εν λόγω συγκρούσεις δεν αφορούν μόνο την ανάπτυξη νομικών θεσμών αλλά και άλλα ζητήματα κοινωνικής προόδου. Συχνά και κατά τον 19ο αιώνα τα προβλήματα αφορούσαν τα διαφορετικά μοντέλα οικονομικού εκσυγχρονισμού, ανάλογα με αυτά που βιώνουμε σήμερα στην ΕΕ.

*Τρίτον* τέτοιες συγκρούσεις δεν επιλύονται απλώς μέσω συνταγματικής ιδρυτικής πράξης. Μπορεί να προκύψουν παρά ή και λόγω τέτοιων θεμελίων.[80] Αν θέλαμε να μεταφράσουμε την παρατήρηση αυτή άμεσα στην θεσμική ιστορία της ΕΕ, αυτό θα σήμαινε: Το γεγονός ότι η ευρωπαϊκή συνταγματική συνθήκη απέτυχε ως συμβολική επανασύσταση της ΕΕ[81] είναι εντελώς αδιάφορο για τις κρίσεις που αντιμετωπίζει σήμερα η ΕΕ. Οι πολιτικές συγκρούσεις δεν μπορούν να αναχαιτισθούν με ανάλογες μορφές.

*Τέταρτον* και σημαντικότερο είναι όμως η αντίληψη ότι οι ιστορικές ομοσπονδιακές συγκρούσεις δεν μας οδήγησαν σε μια πειστική θεσμική λύση. Σε τελική ανάλυση όλες αυτές οι συγκρούσεις επιλύθηκαν με βία, ενώ δεν υπήρξε διαδικαστική λύση στο πρόβλημα. Ακόμα και σήμερα σε ενοποιημένα ομόσπονδα κράτη δεν γνωρίζουμε πώς να αντιμετωπίζουμε το ζήτημα αυτό.

Ας το δείξουμε με ένα υποθετικό παράδειγμα: Εάν προκύψει κατά τις εκλογές του 2019 σε τρία ανατολικά γερμανικά κρατίδια κυβερνητική πλειοψηφία του ακροδεξιού AfD, προοπτική που φαίνεται απίθανη αλλά όχι εντελώς αδύνατη, τότε δεν θα υπήρχε απλώς ένα συνταγματικό πλέγμα διαδικασιών που θα εξασφάλιζε ότι τα εν λόγω κρατίδια θα έπρεπε να συμμορφωθούν με το συνταγματικό πλαίσιο του δημοκρατικού κράτους δικαίου. Πράγματι υπάρχουν στο γερμανικό συνταγματικό δίκαιο διαδικασίες που υποχρεώνουν τα κρατίδια να ενεργούν σύμφωνα με το Σύνταγμα.[82] Αυτές όμως είναι δυσκίνητες και όταν πρόκειται για περισσότερα από ένα ή δύο κρατίδια, δεν είναι απαραίτητα εφικτές στην πράξη, διότι υπάρχει έλλειψη των αναγκαίων πλειοψηφιών στα συνταγματικά όργανα.

## 2. ΙΔΙΑΙΤΕΡΟΤΗΤΕΣ ΤΗΣ ΕΥΡΩΠΑΪΚΗΣ ΕΝΩΣΗΣ
Παρατηρώντας κανείς υπό αυτό το πρίσμα τις τρέχουσες κρίσεις στην ΕΕ, δεν εκπλήσσεται για την αδυναμία, με την οποία τα κράτη

μέλη και τα υπερεθνικά όργανα αντιμετώπισαν τις εξελίξεις στην Πολωνία και την Ουγγαρία. Αυτό δεν σημαίνει ότι πρέπει κανείς να καταφύγει στην μοιρολατρία, ούτε ότι μπορεί να προσδιορίσει συγκεκριμένα λάθη, αλλά δείχνει ότι δεν πρόκειται για μια τόσο θεαματική αποτυχία της ΕΕ, αλλά αντιθέτως για ένα διαρθρωτικό πρόβλημα δημοκρατικών ομοσπονδιών.

Δεν θα έπρεπε να είναι αυτονόητο το ότι η ΕΕ οφείλει να μεριμνήσει για την κατάσταση του εσωτερικού πολιτικού συντάγματος των κρατών μελών της. Το γεγονός ότι σήμερα έχουμε διαδικασίες που μπορούν να αντιμετωπίζουν παραβιάσεις των ελάχιστων συνταγματικών προτύπων είναι αποτέλεσμα πρόσφατης εξέλιξης.[83] Αφενός οφείλεται στις διαδικασίες διεύρυνσης προς τα ανατολικά και την αντίληψη που συνδέεται με αυτές ότι πρέπει να διατηρηθούν τα κριτήρια ένταξης στην ΕΕ και μετά την ένταξη. Αφετέρου οφείλεται σε νέες εξελίξεις, κατά κύριο λόγο στον ατυχή τρόπο που αντιμετώπισαν η ΕΕ και πιο συγκεκριμένα τα κράτη μέλη την αυστριακή κυβέρνηση του 2000, η οποία οδήγησε στον καθορισμό προληπτικών μέτρων στο άρθρο 7 της Συνθήκης για την Ευρωπαϊκή Ένωση (ΣΕΕ).[84] Το υπόβαθρο ήταν η πολιτική απομόνωση της Αυστρίας μετά τη δημιουργία κυβέρνησης συνασπισμού μεταξύ του χριστιανοκοινωνικού ÖVP και του δεξιού εθνικιστικού FPÖ. Η πολιτική απομόνωση της Αυστρίας μέσα στα ευρωπαϊκά όργανα συντελέσθηκε χωρίς διαδικασία και χωρίς νομική βάση με πρωτοβουλία μεμονωμένων κρατών μελών, χωρίς όμως να γνωρίζουν επακριβώς για ποιο ζήτημα υποτίθεται ότι επιβάλλουν κυρώσεις πέρα από την απόφαση των αυστριακών ψηφοφόρων. Εκ των υστέρων αυτή η διεργασία ήταν το λιγότερο ανεπιτυχής αν όχι επιβλαβής, όμως οδήγησε σε ένα αποτέλεσμα αλληλεγγύης που ενδυνάμωσε το FPÖ. Επιπλέον αναρωτιέται κανείς αν η ίδια αυστριακή κυβέρνηση συνασπισμού που διαλύθηκε στην αρχή του καλοκαιριού του 2019 ήταν πιο επικίνδυνη για τους δημοκρατικούς θεσμούς του κράτους δικαίου, χωρίς να είχε οδηγήσει σε οποιαδήποτε αντίδραση στο ίπεδο της ΕΕ.

## 3. ΠΡΟΟΠΤΙΚΕΣ ΓΙΑ ΛΥΣΗ: ΑΠΟΠΟΛΙΤΙΚΟΠΟΙΗΣΗ Η ΕΠΑΝΑΠΟΛΙΤΙΚΟΠΟΙΗΣΗ ΤΗΣ ΔΙΑΔΙΚΑΣΙΑΣ;

Η εφαρμοστέα σε τέτοιες περιπτώσεις διαδικασία του άρθρου 7 της ΣΕΕ, που εισήχθη ως συνέπεια αυτής της αποτυχίας, έχει εκ πρώτης όψεως πολλά προφανή προβλήματα:[85] Απαιτεί στον τελευταίο βαθμό για κυρώσεις μία δύσκολα επιτεύξιμη συναίνεση στο Συμβούλιο. Βασίζεται σε έναν πολύ ασαφή κανόνα, το άρθρο 2 ΣΕΕ, το οποίο περιέχει ένα μάλλον άτακτο μείγμα πολιτικών προγραμματικών διατυπώσεων και «αξιών» που δεν μπορούν απλώς να εξειδικευθούν πειστικά.[86] Επίσης, στην πράξη δεν μπορεί να ελεγχθεί δικαστικώς.[87]

Τα τελευταία χρόνια, έγιναν πολλές θεσμικές προτάσεις σχετικά με τον τρόπο διαρθρωτικής επίλυσης του προβλήματος. Παρόλες τις διαφορές στις λεπτομέρειες, ήταν παρόμοιες στη δομή τους. Το ζήτημα του κατά πόσο τα κράτη μέλη πληρούν τα ελάχιστα ευρωπαϊκά πρότυπα θα πρέπει να εξεταστεί με πολιτική ανεξαρτησία. Η προσέγγιση της αποπολιτικοποίησης αυτής της ερώτησης βασίστηκε σε δύο επίπεδα. Σε επίπεδο προτύπων, τα προβλήματα στην Πολωνία και την Ουγγαρία λαμβάνονται ως προβλήματα του κράτους δικαίου, ιδίως από την Επιτροπή.[88] Σε επίπεδο αρμόδιων ελεγκτικών οργάνων οι περισσότερες προτάσεις μεταρρύθμισης επιδιώκουν[89] να προβαίνουν στον έλεγχο είτε ένα δικαστήριο, όπως το ΔΕΕ, είτε ανεξάρτητες ομάδες εμπειρογνωμόνων. Στο παρελθόν κατά την αξιολόγηση των εξελίξεων στην Πολωνία και την Ουγγαρία, η Επιτροπή της Βενετίας, όργανο του Συμβουλίου της Ευρώπης στο οποίο μετέχουν πρώην και εν ενεργεία συνταγματικοί δικαστές και άλλοι εμπειρογνώμονες, διαδραμάτισε σημαντικό ρόλο.[90] Τελικά το Δικαστήριο παρενέβη στη λογική που του επετράπη από τους κανόνες της εσωτερικής αγοράς, δηλαδή στην περίπτωση της πρόωρης συνταξιοδότησης των δικαστών από την ουγγρική κυβέρνηση – μία παρέμβαση η οποία πάντως δεν άλλαξε πολλά στη συμμόρφωση της ουγγρικής δικαιοσύνης.[91] Μπορεί όμως να πείσει πραγματικά η προσπάθεια να αποπολιτικοποιηθεί με τον τρόπο αυτό σε διπλάσιο βαθμό το πρόβλημα;

Ας ξεκινήσουμε με το επίπεδο των προτύπων: Εάν εξετάσει κανείς τις εξελίξεις στην Πολωνία και την Ουγγαρία, μπορεί να αμφισβητήσει το ότι πρόκειται για ένα ξεκάθαρο ζήτημα του κράτους δικαίου. Τέτοιου είδους προβλήματα, στα οποία τίθεται υπό αμφισβήτηση μια ουδέτερη και συστηματική εφαρμογή των νόμων, γνωρίζουμε από άλλα κράτη μέλη της ΕΕ, όπως η Βουλγαρία και η Ρουμανία.[92] Αλλά οι εξελίξεις στην Πολωνία και την Ουγγαρία είναι διαφορετικές. Εδώ το ζήτημα είναι να τεθεί υπό αμφισβήτηση μια ανοικτή δημοκρατική διαδικασία και με τον τρόπο αυτό να αποκλεισθεί το γεγονός να μπορεί να καταψηφισθεί η κυβέρνηση που βρίσκεται στην εξουσία. Πρόκειται για την πολιτική οργάνωση αυτών των κρατών. Αυτά δεν είναι απλώς αμελή, διεφθαρμένα ή ανίκανα για την επιβολή του ευρωπαϊκού και εθνικού δικαίου, αλλά αντιθέτως προσβλέπουν περισσότερο σε ένα διαφορετικό είδος πολιτικής οργάνωσης, το οποίο ο *Viktor Orbán* χαρακτήρισε ως «ανελεύθερη δημοκρατία». Ο Ορμπάν κυβερνάει σε ένα κράτος στο οποίο δεν υπάρχει ελευθερία του τύπου. Ταυτόχρονα δήλωσε σε μια ομιλία τον Μάρτιο του 2018: «*Η κατάσταση στη Δύση μοιάζει σαν να υπάρχει φιλελευθερισμός, αλλά όχι δημοκρατία*».[93]

Η αντιπαράθεση της ΕΕ με την Πολωνία και την Ουγγαρία αφορά τη δημοκρατία τους, την πολιτικώς νόμιμη διακυβέρνησή τους.[94] Η ΕΕ θα έπρεπε να αποδεχθεί αυτήν την αντιπαράθεση όπως είναι και να μην προσποιείται ότι είναι πρόβλημα καθαρής νομιμότητας. Αυτή η κατανόηση αποτελεί επίσης τη βάση της τρέχουσας διαδικασίας, εάν αφήσει το χειρισμό των αποκλινόντων κρατών μελών στα όργανα του Συμβουλίου. Η άποψη αυτή είναι σύμφωνη με την ιδέα μιας δημοκρατικής ομοσπονδίας που αναπτύχθηκε παραπάνω, η οποία δεσμεύεται σε ένα πολιτικό μοντέλο του συνταγματισμού,[95] κατά το οποίο τα κρίσιμα ζητήματα των σχέσεων μεταξύ των κρατών μελών και του ανωτάτου επιπέδου δεν μπορούν να αποτυπωθούν νομικά με εξαντλητικό τρόπο.

Τί προκύπτει από αυτό για το δικό μας πρόβλημα; *Αρνητικά* σημαίνει ότι είναι ελάχιστα τεκμηριωμένη η ελπίδα ότι θα μπορέσουμε να λύσουμε το πρόβλημα με τη βοήθεια νέων μέσων, διαδικασιών ή οργάνων. Μια θεμελιώδης πολιτική σύγκρουση αυτού του είδους δεν μπορεί να εξαλειφθεί με οργανωτικά μέσα. Αυτό αντιστοιχεί με την ιστορική εμπειρία των πολιτικών ομοσπονδιών που παρουσίασα παραπάνω, δεν σημαίνει όμως ότι δεν μπορεί κανείς να σκέφτεται περαιτέρω τρόπους βελτίωσης των διαδικασιών. Σημαίνει απλώς ότι δεν εξαφανίζεται η θεμελιώδης πολιτική σύγκρουση. Συγκεκριμένα: Ακόμη και αν αρχίσει κανείς να χρησιμοποιεί ευρωπαϊκά μέσα χρηματοδότησης για να δεσμεύσει τα κράτη μέλη στην τήρηση των αξιών του άρθρου 2 ΣΕΕ, πρέπει να απαντηθούν τα θεμελιώδη ζητήματα του τρόπου διαπίστωσης της παράβασης και του αρμόδιου οργάνου για την εν λόγω διαπίστωση.[96] Μία σύγχρονη εξέλιξη πάντως υποδεικνύει αντίθετη κατεύθυνση. Το Δικαστήριο της ΕΕ στην απόφασή του επί της συνταξιοδότησης των δικαστών στην Πορτογαλία[97] επιχειρηματολογώντας άνοιξε επίσης το δρόμο για έναν έλεγχο τουλάχιστον της πολωνικής υπόθεσης, η οποία εκκρεμεί ενώπιόν του.[98] Με το να καταστήσει το Δικαστήριο την δικαιοσύνη κανόνα του πρωτογενούς δικαίου, στο οποίο πρέπει να μετρηθούν τα μέτρα λιτότητας της πορτογαλικής κυβέρνησης[99] συνέστησε κριτήρια, τα οποία φαίνονται να τυγχάνουν εφαρμογής και σε σχέση με την πολωνική δικαιοσύνη. Αλλά ακόμα και αν κανείς αναμένει ότι το Δικαστήριο θα αντικρούσει τις πολωνικές παρεμβάσεις στη δικαιοσύνη, θα αναρωτηθεί, αν αυτό αρκεί ως μέσο για την προστασία της πολωνικής δημοκρατίας. Οι εμπειρίες με την Ουγγαρία καταδεικνύουν ότι η ανάκληση των απολύσεων των δικαστών δεν μπορεί να προστατεύσει διαρκώς την ανεξαρτησία της δικαιοσύνης. Υπάρχουν πολλές μέθοδοι να υποθάλψει κανείς τη δικαισύνη – και όχι μόνο αυτή της δημιουργίας νέων κλάδων.[100] Επιπλέον δεν είναι όλες οι επιθέσεις σε μια ανοικτή δημοκρατική διαδικασία νομικά κατάλληλες, όταν για παράδειγμα πρόκειται για την εξασφάλιση μιας ανοικτής και προσιτής πλατφόρμας απόψεων για όλους. Τέλος, δεν μπορεί να παραβλεφθεί ότι η ενεργοποίηση του ΔΕΕ κατά τον έλεγχο της αρχής του κράτους δικαίου στα κράτη μέλη μετατοπίζει το βάρος μεταξύ των επιπέδων δικαιοδοσίας προς όφελος της ΕΕ, ακόμη και στην περίπτωση λειτουργικού κράτους δικαίου.

Θετικά προκύπτει από τις παραπάνω σκέψεις ότι ειδικά τα πολιτικά όργανα πρέπει να προσπαθήσουν για την επίλυση. Η αποτυχία μπορεί εύκολα να χαρακτηριστεί θεσμική όσον αφορά την ΕΕ. Ενώ τα ζητήματα αυτά έχουν επανειλημμένα συζητηθεί ανοιχτά και αμφιλεγόμενα στο Ευρωπαϊκό Κοινοβούλιο, έχουν επί χρόνια αγνοηθεί από τους αρχηγούς κρατών στο Συμβούλιο. Οι Συνθήκες έχουν ορίσει την πίστη των κρατών μελών σε ορισμένα πρότυπα ως υποχρέωση βάσει του ενωσιακού δικαίου. Η καθιέρωση των βασικών αξιών του άρθρου 2 της ΣΕΕ είναι επαναστατική, διότι καθιστά την εσωτερική πολιτική διάρθρωση των κρατών μελών ρητώς ζήτημα της Ευρωπαϊκής Ένωσης,[101] αν και όχι σε κάποιο που να μπορεί να ελεγχεί μέσω δικαστικής διαδικασίας. Εντούτοις οι κυβερνήσεις των κρατών μελών έχουν εδώ και καιρό αντιμετωπίσει το εν λόγω θέμα ως εσωτερικό ζήτημα των αντίστοιχων κρατών μελών. Καθόσον γνωρίζουμε δεν αναφέρθηκαν επί χρόνια τα προβλήματα της Ουγγαρίας στις επιτροπές του Συμβουλίου. Έτσι οδηγούμαστε και πάλι στον όρο της κυβέρνησης.[102] Διότι παρά το ότι το Ευρωπαϊκό Συμβούλιο, όπως είδαμε, αποκτά ολοένα και περισσότερο καθήκοντα μιας ευρωπαϊκής κυβέρνησης, σε αυτό το πλαίσιο δεν συμπεριφέρθηκε ως κυβέρνηση, αλλά αντίθετα ως συνέλευση κρατών κατά το παραδοσιακό διεθνές δίκαιο. Όσον αφορά το Ευρωπαϊκό Κοινοβούλιο μπορεί να γίνει μια παρόμοια διάγνωση, τουλάχιστον όσον αφορά την Ομάδα του Ευρωπαϊκού Λαϊκού Κόμματος (ΕΛΚ). Αν και ήταν εκλεγμένοι εκπρόσωποι πολιτών της Ευρωπαϊκής Ένωσης αντιμετώπισαν ως εσωτερικό ζήτημα τις διεργασίες, για τις οποίες ήταν αρμόδιο ένα κράτος-μέλος, με αποτέλεσμα να εξαντληθεί η όποια πολιτική δυνατότητα υπήρχε.[103]

Οι παρατηρήσεις αυτές δεν εξαλείφουν το πρόβλημα. Αντιθέτως θα πρέπει να καταστήσουν σαφές, πόσο επίπονο είναι να το εξαλείψουν. Καταρχήν υποχρεωμένα είναι τα κράτη μέλη ως μέλη του Ευρωπαϊκού Συμβουλίου και οι πολιτικές ομάδες του Ευρωπαϊκού Κοινοβουλίου. Το ζήτημα που πρέπει να επιλύσουν δεν είναι εύκολο, αλλά δεν γίνεται να απαλλαγούν από την υποχρέωση επίλυσης: Αφενός πρέπει να βρουν συναίνεση και πλειοψηφίες και να διατηρήσουν τη συνοχή του συνόλου και αφετέρου να θέσουν περιορισμούς στα εμπλεκόμενα μέρη, εφόσον αυτά απειλούν να εγκαταλείψουν τα κανονιστικά θεμέλια της ευρωπαϊκής πολιτικής κοινότητας. Ένα τέτοιο καθήκον είναι τελείως διαφορετικό από την εφαρμογή ενός κανόνα δικαίου. Προϋποθέτει γνήσια πολιτική οξυδέρκεια, ικανότητα συμβιβασμού και οργάνωσης για τη διαμόρφωση κοινής βούλησης.

## V. ΠΡΟΟΠΤΙΚΕΣ: Η ΑΔΥΝΑΜΙΑ ΒΟΥΛΗΣΗΣ ΤΩΝ ΚΡΑΤΩΝ ΜΕΛΩΝ ΤΗΣ ΕΥΡΩΠΑΪΚΗΣ ΟΜΟΣΠΟΝΔΙΑΣ

Από την ελληνική φιλοσοφία γνωρίζουμε το πρόβλημα της ακρασίας, της αδύναμης βούλησης. Ο *Πλάτωνας* εμφανίζει τον *Σωκράτη* να αμφισβητεί, ότι αυτή υπήρξε ποτέ: *«Κανείς που γνωρίζει ή πιστεύει ότι υπάρχει μια καλύτερη δυνατότητα δράσης από αυτή που επιδι-*

*ώκει δεν θα συνέχιζε αυτή τη δράση.*»[104] Ο Αριστοτέλης συζητά το φαινόμενο αυτό από μία πιο θετική σκοπιά στα Ηθικά Νικομάχεια.[105] Μας είναι γνώριμο στην καθημερινότητά μας παρά τη διαπίστωση του Σωκράτη. Συχνά μας συμβαίνει να γνωρίζουμε τι πρέπει να κάνουμε, επίσης επειδή είναι καλό για εμάς, αλλά εξακολουθούμε να μην το κάνουμε.

Εάν αναρωτηθεί κανείς ποιο είναι το πρόβλημα της ΕΕ σήμερα ως δημοκρατικής ομοσπονδίας, τότε θα μπορεί να κατονομάσει πολλά κοινωνικά και πολιτικά προβλήματα και θα δει επίσης ότι – όπως δείχνουν οι σκέψεις μου για την ιστορία των δημοκρατικών ομοσπονδιών – η κρίση της ΕΕ αποτελεί ένα τυπικό και θεσμικά αναμενόμενο γεγονός. Ταυτόχρονα όμως έχει αποδειχθεί ότι κάποια προβλήματα ανάγονται λιγότερο στη σύγκρουση μεταξύ φιλοευρωπαίων και ευρωσκεπτικιστών και περισσότερο σε μία συμπεριφορά, στην οποία αφενός επιδιώκεται η ευρωπαϊκή ολοκλήρωση και αφετέρου απορρίπτονται οι άμεσες συνέπειές της – ή αντιθέτως.[106]

Δεν είναι απαραίτητο να ενταχθεί κανείς στη νομισματική ένωση, αλλά εάν το πράξει, δεν πρέπει να απορρίψει άλλα μέτρα που συντονίζουν περαιτέρω την οικονομική πολιτική. Δεν είναι απαραίτητο να ανοίξει κανείς τα σύνορά του πριν από τις προθεσμίες του ενωσιακού δικαίου για την ελεύθερη κυκλοφορία των εργαζομένων, όμως εάν το πράξει, όπως οι Βρετανοί, δεν θα πρέπει αργότερα να χρησιμοποιήσει αυτήν τη μετανάστευση ως ευκαιρία να εγκαταλείψει την ΕΕ. Δεν χρειάζεται να αποδεχθεί κανείς μία «κοινότητα αξιών», αλλά εάν το πράξει, δεν μπορεί να επικαλεστεί ανυπέρβλητες δυσχέρειες, όταν αφήνει να πνίγονται πρόσφυγες στη Μεσόγειο. Αυτές είναι περιπτώσεις προτιμήσεων που επιδιώκουν κάτι χωρίς να θέλουν να αποδεχθούν τις συνέπειές του - το ίδιο ισχύει και για τα δύο παραδείγματα. Είναι δικαιολογημένη η ερώτηση εάν μεταφέρει κανείς αρμοδιότητες από την πλευρά των κρατών μελών, αλλά εάν το πράξει, θα πρέπει να το πράξει με τρόπο ώστε να μπορεί να θεωρηθεί πολιτικά υπεύθυνος. Αυτό είναι βέβαια πρόβλημα της εκάστοτε κυβέρνησης.

Αποτελεί δικαιολογημένα ανοιχτό ερώτημα εάν θέλει κανείς να συνδέσει τα επίπεδα των κρατών μελών και της ΕΕ με τέτοιο τρόπο ώστε οι ελλείψεις νομιμοποίησης να μπορούν να διεισδύσουν από το ένα επίπεδο στο άλλο, αλλά εάν το πράξει, τότε δεν υπάρχουν στο ερώτημα της πολιτικής νομιμοποίησης πλέον άλλες εσωτερικές υποθέσεις που δεν ενδιαφέρουν την Ένωση. Αυτό αφορά το πρόβλημα της αντιμετώπισης της Πολωνίας και της Ουγγαρίας.

Ενόσω οι δημοκρατικές ομοσπονδίες δεν αντιμετωπίζουν απλώς τις αντιφατικές πολιτικές λογικές των διαφόρων επιπέδων, αλλά τις χρησιμοποιούν, για να δημιουργήσουν μια λειτουργική πολιτική διαδικασία από την κοινωνική ποικιλομορφία, τότε ο μηχανισμός αυτός παραπαίει όταν στρέφεται κατά του εαυτού του. Επομένως, η πολιτική νομιμότητα των επιπέδων μπορεί να αμφισβητηθεί αμοιβαία.


## VI. ΣΥΝΟΨΗ

Η κατανόηση της ΕΕ ως δημοκρατικής ομοσπονδίας μπορεί να μας βοηθήσει να θέσουμε την εξέλιξη της ΕΕ σε μία συγκριτική σχέση, χωρίς να απαιτεί οπωσδήποτε την εξέλιξη προς την ευρωπαϊκή ολοκλήρωση. Σε αυτό το πλαίσιο δεν παίζει σημαντικό ρόλο η πολιτική σύγκρουση μεταξύ των επιπέδων και του κέντρου. Το ίδιο ισχύει για τη διατελούσα σε κρίση περαιτέρω ανάπτυξη αρμοδιοτήτων και την αδυναμία να «δικαστικοποιηθούν» όλες οι συγκρούσεις αρμοδιοτήτων. Ωστόσο μια τέτοια προοπτική δεν θα φανερώσει μόνο ομοιότητες μεταξύ διαφορετικών ομοσπονδιών, αλλά μπορεί επίσης να συμβάλει να διασαφηνισθούν οι ιδιαιτερότητες. Ο πολλαπλασιασμός των κυβερνητικών λειτουργιών στην ΕΕ είναι ένα τόσο συγκεκριμένο όσο και ιδιαίτερα προβληματικό χαρακτηριστικό. Η έλλειψη μιας πειστικής θεσμικής λύσης για την αντιμετώπιση των διαφωνούντων κρατών μελών παρουσιάζεται αντίθετα ως ομαλότητα. Στο πλαίσιο αυτό είναι λιγότερο προβληματική η έλλειψη μιας διαδικασίας παρά η πολιτική αντιμετώπιση του προβλήματος. Φαίνεται να εκφράζει μια γενικότερη πολιτική κατάσταση, όπου τα κράτη μέλη γνωρίζουν ότι χρειάζονται απαραιτήτως την ολοκλήρωση, χωρίς ωστόσο να αποδέχονται πλήρως αυτή την πραγματικότητα.

*Hofstadter*, The Idea of a Party System, 1970, σελ. 1 κε. *Elkins/McKitrick*, The Age of Federalism, 1993, σελ. 750 κε.

*Jefferson*, 1. Inaugural Address 1801, σε: του ιδίου, The Inaugural Adresses of President Thomas Jefferson, 1801 and 1805, 2001, σελ. 5.

Το ρητό είναι τμήμα της μεγάλης σφραγίδας των ΗΠΑ και χρησιμοποιήθηκε χωρίς νομοθετική κατοχύρωση μέχρι τη στιγμή που το 1956 το Κογκρέσο το αντικατέστησε με το επίσημο: «In God we Trust» (H. J. Resolution 396).

Σχετικά με το ρητό της ΕΕ με συνείδηση των ορίων της συμβολικής κατασκευής *Haltern*, Europarecht, Τόμος 2, 3η έκδοση 2017, σελ. 559.

*Elkins/McKitrick*, The Age of Federalism, 1993, σποράδην.

Διεξοδικά αναλύεται αυτό το ιδεώδες στα Federalist Papers, Nr. 10 (*Madison*) και 59 (*Hamilton*) – The Federalist, 2000, σελ. 53 κε., σελ. 378 κε.

Συνολική επισκόπηση στο: *Stone/Seidman/Sunstein/Tushnet/Karlan*, Constitutional Law, 6η έκδοση 2009, σελ. 189 κε., ειδικότερα *Skowronek*, Building the New American State, 1982, σελ. 121 κε.

*Skowronek*, Building the New American State, 1982, σελ. 177 κε., *Irons*, A People's History of the Supreme Court, 1999, σελ. 294 κε.

*Bickel*, Least Dangerous Branch, 2η έκδοση 1986, σελ. 34 κε., *Kramer*, The People Themselves, 2004, σελ. 170 κε., *Friedman*, The History of the Countermajoritarian Difficulty, Part One: The Road to Judicial Supremacy, New York University Law Review, Τόμος 73, Τεύχος 2 (Μάϊος 1998), σελ. 333 κε.

Dred Scott v. Sandford, 60 U.S. 393 (1857). Σχετικά με τη νομολογία πριν τον εμφύλιο πόλεμο: *Whittington*, Judicial Review of Congress Before the Civil War, The Georgetown Law Journal, τεύχος 97, σελ. 1257 κε.

*Meachum*, American Lion: Andrew Jackson in the White House, 2008, σελ. 177 κε.

Για την ιστορία: *van Middelaar*, The Passage to Europe, 2013, σελ. 100 κε., 181 κε., *Schorkopf*, Der europäische Weg, 2η έκδοση 2015, σελ. 93 κε.

Νομική πράξη με ισχύ έναντι όλων: BVerfGE 89, 155 (188), για τη νομική ανεπάρκεια του όρου: *Möllers*, Staat als Argument, 2η έκδοση 2011, σελ. 386 κε., *Sauer*, Staatsrecht III, 4η έκδοση 2016, σελ. 176 κε.

*Calhoun*, Report Prepared for the Committee on Federal Relations of the Legislature of South Carolina, at its Session in November, 1831, σε: του ιδίου, The Works of John C. Calhoun, Τόμος 6, 1888, σελ. 54 κε. Για την σύγκρουση *Meachum*, American Lion: Andrew Jackson in the White House, 2008, σελ. 184 κε.

Σχετικά: *Möllers*, Krisenzurechnung und Legitimationsproblematik in der Europäischen Union, Leviathan 43:3 (2015), σελ. 339 (352 κε.). Στον ίδιο: Constitutional

State of the European Union, σε: Schütze, Globalisation and Governance, 2018, σελ. 243 (245 κε.).

Η ιστορία των ΗΠΑ χαρακτηρίζεται από την εδραίωση δύο στρατοπέδων από νωρίς, όπου η ιδέα της αντιπολίτευσης άργησε όμως να αναγνωρισθεί, πρβλ. *Hofstadter*, The Idea of a Party System, 1970, σελ. 212 κε.

Σχετικά με τα βρετανικά συνταγματικά ζητήματα: Douglas-Scott, Brexit, Article 50 and the Contested British Constitution, Modern Law Review, Τόμος 79, Τεύχος 6, Νοέμβριος 2016, σελ. 1019 κε., *Loughlin/Tierney*, The Shibboleth of Sovereignty, Modern Law Review, Τόμος 81, Τεύχος 6, Νοέμβριος 2018, σελ. 989 (1013). Σχετικά με τα ζητήματα ενωσιακού δικαίου: *Skouris*, Brexit: Rechtliche Vorgaben für den Austritt aus der EU, EuZW 2016, σελ. 806.

https://en.wikipedia.org/wiki/Results_of_the_2016_United_Kingdom_European_ Union_membership_referendum, τελευταία πρόσβαση στις 27 Μαΐου 2019.

Για την σημασία των εκλογέων στο βρετανικό συνταγματικό δίκαιο υπό το δόγμα της κοινοβουλευτικής κυριαρχίας: *Dicey*, Introduction to the Study of the Law of the Constitution, 1915, σελ. 29, *Ewing*, Brexit and Parliamentary Sovereignty, Modern Law Review, Τόμος 80, Τεύχος Parlamentssouveränität S. 711 κε., *Loughlin/Tierney*, The Shibboleth of Sovereignty, Modern Law Review, Τόμος 81, Τεύχος 6, Νοέμβριος 2018, σελ. 989 (1013).

Ιδιαιτέρως κατανοητό στο λεγόμενο Midlothian Question, δηλαδή την κατάσταση να αντιπροσωπεύονται διπλά οι σκοτσέζοι και οι ουαλοί πολίτες και με αυτόν τον τρόπο να μπορούν να αποφασίζουν για ζητήματα που αφορούν αποκλειστικά τους εγγλέζους. Βλ. σχετικά: *Gay*, The West Lothian Question, House of Commons Library SN/PC/2586, 26 Ιουνίου 2006.

Σχετικά: *McCrudden/Halberstam*, Northern Ireland's Supreme Court Brexit Problem (and the UK's too), U.K. Const. L. Blog (21st Nov. 2017). Miller and Northern Ireland: A Critical Constitutional Response, The UK Supreme Court Yearbook, Τόμος 8, Δεκέμβριος 2017. U of Michigan Public Law Research Paper No. 575. Queen's University Belfast Law Research Paper No. 2018-3.

Υπό αυτήν την έννοια *Ibler*, σε: Maunz/Dürig, Grundgesetz-Kommentar, 85. EL Nov. 2018, Άρθρο 87, αρ.παρ. 213.

Σχετικά: *Halberstam*, Federalism: Theory, Policy, Law, σε: Rosenfeld/Sajó (Επιμ.), The Oxford Handbook of Comparative Constitutional Law, 2012, σελ. 576 (578).

*van Middelaar*, The Passage to Europe, 2013, σελ. 44.

Ακολούθως: Nicolaidis/Howse (Επιμ.), The Federal Vision: Legitimacy and Levels of Governance in the United States and the European Union, 2001. *Beaud*, Föderalismus und Souveränität, Der Staat 35 (1996), σελ. 45 κε., *Schönberger*, AöR 129 (2004), σελ. 81. *Schütze*, European Constitutional Law, 2η έκδοση 2016, σελ. 62 κε.

Schmitt, Verfassungslehre, 1οη έκδοση 2010, σελ. 374, 378 (zur Souveränität im Bund). Schönberger, AöR 129 (2004), σελ. 81. Beaud, Théorie de la Fédération, 2007, σελ. 58 κε.

Σχετικά: Bundesverfassungsgericht BVerfGE 89, 155 (190 ff.) για τον ομοσπονδιακό χαρακτήρα και την αρχή της κατανομής των αρμοδιοτήτων: Kirchhof, Der europäische Staatenverbund, σε: v. Bogdandy/Bast (Επιμ.), Europäisches Verfassungsrecht, 2009, σελ. 1009 κε., διαφορετικά Oeter, Souveränität und Demokratie als Probleme in der «Verfassungsentwicklung» der Europäischen Union, σε: ZaöRV 55 (1995), σελ. 659 (685 κε.).

Möllers, Die drei Gewalten, 2η έκδοση 2015, σελ. 137. Με επιφύλαξη για τη σχετικότητα με τον όρο της κυριαρχίας σε αυτό το πλαίσιο: Frowein, Verfassungsperspektiven der Europäischen Gemeinschaft, EuR 1992, Beiheft 1, 63, 65 (67).

Σχετικά: Möllers, Verfassung – verfassunggebende Gewalt – Konstitutionalisierung, σε: v. Bogdandy/Bast (Επιμ.), Europäisches Verfassungsrecht, 2η έκδοση 2009, σελ. 227. Επί της αρχής Bellamy, Political Constitutionalism, 2007, σελ. 120 κε.

Πρβλ. για την ενωτική εξέλιξη Oeter, Integration und Subsidiarität im deutschen Bundesstaatsrecht, 1998, σελ. 143 κε.

Μετά την αποτυχία του «court-packing plan» του Προέδρου F. D. Roosevelt το Ανώτατο Δικαστήριο προέβη μετά την απόφαση National Labor Relations Board v. Jones & Laughlin Steel Corporation, 301 U. S. 1 (1937) σε μία περαιτέρω κατανόηση της αρμοδιότητας της Ομοσπονδίας, ιδιαιτέρως της Commerce Clause.

Kingreen, Grundfreiheiten, σε: v. Bogdandy/Bast (Επιμ.), Europäisches Verfassungsrecht, 2η έκδοση 2009, σελ. 705 (715 κε.). Schütze, European Constitutional Law, σελ. 225 κε.

Maduro, We, the Court, 1998, σελ. 150 κε.

Möllers, Verfassung – verfassunggebende Gewalt – Konstitutionalisierung, σε: v. Bogdandy/Bast (Επιμ.), Europäisches Verfassungsrecht, 2η έκδοση 2009, σελ. 227 (238 κε.).

Hallstein, Europäische Reden, 1979, σελ. 109, σελ. 343.

Αναφορικά με την εξέλιξη αυτή: Rittberger, Constructing Parliamentary Democracy in the European Union: How Did It Happen?, σε: Kohler-Koch/Rittberger (Επιμ.), Debating the Democratic Legitimacy of the European Union, 2007, σελ. 111 κε. Για την πολιτική διαμόρφωση βούλησης στο Κοινοβούλιο Dann, Die politischen Organe, σε: v. Bogdandy/Bast (Επιμ.), Europäisches Verfassungsrecht, 2η έκδοση 2009, σελ. 335 (363 κε.).

Σχετικά με τον όρο: Möllers, Verfassung – verfassunggebende Gewalt – Konstitutionalisierung, σε: v. Bogdandy/Bast (Επιμ.), Europäisches Verfassungsrecht, 2η έκδοση 2009, σελ. 227 (265 επ.).

Κατωτέρω IV.1.

*Möllers*, Multilevel Democracy, ratio iuris, Τεύχος 24, Νο. 3, Σεπτέμβριος 2011, σελ. 247.

Για τον ορισμό της κυβέρνησης: *Goodnow*, Government and Administration, 2003, σελ. 17. *Jarass*, Politik und Bürokratie als Elemente der Gewaltenteilung, 1975, σελ. 87.

Αποφασιστικό για το δίλημμα, αν οι διεθνείς οργανισμοί θα πρέπει να εξυπηρετήσουν την ανεξαρτησία των ζητημάτων τους έναντι των κρατών, τα οποία όμως δεν επιθυμούν να σταματήσουν να τους ελέγχουν και με τον τρόπο αυτό εμποδίζουν την ανεξαρτητοποίησή τους: *Klabbers*, An Introduction to International Institutional Law, 2015, σελ. 41 κε.

*Klabbers*, An Introduction to International Institutional Law, 2015, σελ. 211. *Schermers/ Blokker*, International Institutional Law, 4η έκδοση 2006, σελ. 34 κε., *Ruffert/Walter*, Institutionalisiertes Völkerrecht, 2η έκδοση 2015, σελ. 117.

*Möllers*, Verwaltungsrecht und Politik, σε: v. Bogdandy/Cassese/Huber (Επιμ.), Ius Publicum Europaeum Τόμος V: Verwaltungsrecht in Europa: Grundzüge, σελ. 1175 (1191).

Σχετικά: *Fassbender*, Der offene Bundesstaat, 2007, σελ. 211.

Πρβλ. άρθρο 167 παρ. 3 του βελγικού συντάγματος.

Πρβλ. σχετικά Άρθρο 23 AbS. 6 GG, σχετικά: *Wollenschläger*, σε: Dreier, Grundge-setz-Kommentar, Bd. 2, 3η έκδοση 2015, Άρθρο 23, αρ.παρ. 152 κε.

The Federalist, 2000, σελ. 266.

*van Middelaar*, The Passage to Europe, 2013, σελ. 16.

*Schorkopf*, Der europäische Weg, 2η έκδοση 2015, σελ. 41 κε.

*Schorkopf*, Der europäische Weg, 2η έκδοση 2015, σελ. 161 κε.

*van Middelaar*, The Passage to Europe, 2013, σελ. 56.

KOM/85/0310 ENDG.

Ευνοϊκότερα: *van Middelaar*, The Passage to Europe, 2013, σελ. 77 κε.

Σχετικά με τη σημασία τους και την αξία της άτυπης διακυβερνητικότητας στην ΕΕ: *Kleine*, Informal Governance in the European Union, 2013, σελ. 133 κε.

*Craig*, The Lisbon Treaty: Law, Politics, and Treaty Reform, 2010, σελ. 81 κε.

Βλ. επίσης *Dann*, Die politischen Organe, σε: v. Bogdandy/Bast (Επιμ.), Europäi-sches Verfassungsrecht, 2η έκδοση 2009, σελ. 335 (363 κε.).

Βλ. Άρθρο 241 ΣΛΕΕ, σχετικά: *Nettesheim*, σε: Grabitz/Hilf/Nettesheim, Das Recht der Europäischen Union, 66. EL Φεβρουάριος 2019, AEUV Άρθρο 241, αρ.παρ. 1 κε.

Σχετικά με τις κυβερνητικές λειτουργίες : *Mössle*, Regierungsfunktionen des Parla-ments, 1985, σελ. 96 κε.

*Möllers*, The European Banking Union: A Case of Tempered Supranationalism?, σε: Grundmann/Micklitz, The European Banking Union and Constitution, 2019, σελ. 205 κε.

Σχετικά, γενικευμένα: *Beaud*, Théorie de la Fédération, 2007, σελ. 58 κε. *Möllers*, Krisenzurechnung und Legitimationsproblematik in der Europäischen Union, Leviathan 43:3 (2015), σελ. 339 (352 κε.).

Το ότι αυτή η δομή από την οποία επωφελούνται πολλοί, δεν μπορεί να μεταρρυθμιστεί, περιγράφεται διεξοδικά στην συγκριτική μελέτη των ομοσπονδιών: *Scharpf*, Die Politikverflechtungs-Falle: Europäische Integration und deutscher Föderalismus im Vergleich, Politische Vierteljahresschrift 26 (1985), σελ. 323.

Ο Πρόεδρος της Ευρωπαϊκής Επιτροπής Juncker διατύπωσε τα εξής στην έναρξη της ομιλίας του για την κατάσταση της Ένωσης το 2015: «Είμαι ο πρώτος Πρόεδρος της Επιτροπής, της οποίας ο διορισμός και η εκλογή είναι το άμεσο αποτέλεσμα των εκλογών για το Ευρωπαϊκό Κοινοβούλιο το Μάιο του 2014.» (υπό https://ec.europa.eu/commission/publications/state-union-2015-european-commission-president-jean-claude-juncker_de, τελευταία πρόσβαση στις 4 Ιουνίου 2019.). Σχετικά: *Hartlapp/Lorenz*, Die Europäische Kommission ein (partei-)politischer Akteur?, Leviathan 43 (2015), σελ. 64.« Συμμετείχα στην εκλογική μάχη ως πραγματικός επικεφαλής υποψήφιος – αυτό μου επέτρεψε να είμαι και ένας πολιτικός Πρόεδρος.» Για την πολιτικοποίηση της Επιτροπής επίσης *Haltern*, Europarecht, Τόμος 1, 3η έκδοση 2017, σελ. 108.

Πρβλ. άρθρο 17 ΣΕΕ.

Σχετικά με την ιστορία του γερμανικού κομματικού συστήματος: *Lehmbruch*, Parteienwettbewerb im Bundesstaat, 2000. Σχετικά με τα επίκαιρα ζητήματα: *Meinel*, Vertrauensfrage 2019, σελ. 35 κε.

*Hangartner*, Grundzüge des schweizerischen Staatsrecht, Τόμος 1, 1980, σελ. 123 κε.

*Biaggini*, Schweiz, σε: v. Bogdandy/Cruz Villalón/Huber (Επιμ.), Ius Publicum Europaeum Τόμος 1, 2007, σελ. 565 (600).

Λευκή Βίβλος για το μέλλον της Ευρώπης, COM(2017) 2025, 1η Μαρτίου 2017.

Άρθρο 17 παρ. 2 ΣΕΕ, σχετικά: *Haltern*, Europarecht, Τόμος 1, 3η έκδοση 2017, σελ. 227 κε.

Επικριτικά σχετικά: *Scharpf*, Political legitimacy in a non-optimal currency union, σε: v. Cramme/Hobolt (Επιμ.), Democratic politics in a European Union under stress, 2014, σελ. 19 (39).

Άρθρο 17 παρ 1 εδ. 2, 3 ΣΕΕ, σχετικά: *Haltern*, Europarecht, Τόμος 1, 3η έκδοση 2017, σελ. 249 κε.

*Möllers*, Krisenzurechnung und Legitimationsproblematik in der Europäischen Union, Leviathan 43:3 (2015), σελ. 339 (341 κε.).

Ανωτέρω, υποσημείωση 49.

Σχετικά: *Bauerschmidt*, Die Rechtsperson der Europäischen Union im Wandel, 2019, σελ. 263 κε.

Άρθρο 28 GG, V US const., Άρθρο 51 Ελβετικού Ομοσπονδιακού Συντάγματος, σχετικά: *Dreier*, σε: Dreier (Επιμ.), Grundgesetz-Kommentar, Τόμος 2, 3η έκδοση 2015, Άρθρο 28, αρ.παρ. 31 κε., συγκριτικά, αρ.παρ. 49 κε. για GG.

Ανάλογη η άποψη του *Mayer*, Monarchischer und demokratischer Bundesstaat, AöR 18 (1903), σελ. 337 (351, 363 κε.), ως επιχείρημα κατά της κοινοβουλευτικοποίησης της Αυτοκρατορίας, σχετικά: *Möllers*, Der parlamentarische Bundesstaat – Das vergessene Spannungsverhältnis von Parlament, Demokratie und Bundesstaat, σε: Aulehner κ.α. (Επιμ.), Föderalismus – Auflösung oder Zukunft der Staatlichkeit?, σελ. 81 (87 κε.).

*Biaggini*, Schweiz, σε: v. Bogdandy/Cruz Villalón/Huber (Επιμ.), Ius Publicum Europaeum Τόμος 1, 2007, σελ. 565 (569).

Για την προϊστορία της ίδρυσης της αυτοκρατορίας βλέπε *Nipperdey*, Deutsche Geschichte, 1866-1918, Τόμος 1, 1993, σελ. 34 κε.

Για τα ακόλουθα: *Möllers/Schneider*, Demokratiesicherung in der EU, 2018, σελ. 18 κε.

Κατά την άποψή μου στο σημείο αυτό βρίσκεται ένα από τα προβλήματα να χρησιμοποιηθεί η διαφορά, που δημιουργήθηκε κατά τον γερμανικό 19. αιώνα, ανάμεσα στο ομόσπονδο κράτος και την ένωσης κρατών για την περιγραφή των ομοσπονδιών, και να καταστεί υποτιθέμενα γενικό κριτήριο ίδρυσης μίας πολιτικής κοινότητας. Σχετικά: *Schönberger*, AöR 129 (2004), σελ. 81.

Σχετικά με την αποτυχία της συνταγματικής συνθήκης: *Haltern*, Europarecht, Τόμος 1, 3η έκδοση 2017, σελ. 95 κε.

Σχετικά με τον εξαναγκασμό των ομόσπονδων κρατών κατά το άρθρο 37 GG με περαιτέρω παραπομπές: *H. Bauer*, σε: Dreier (Επιμ.), Grundgesetz-Kommentar, Τόμος 2, 3η έκδοση 2015, Άρθρο 37, αρ.παρ. 7 κε., *Shirvani*, Die Bundes- und Reichsexekution in der neueren deutschen Verfassungsgeschichte, Der Staat 50 (2011), σελ. 102.

Σχετικά: *Schorkopf*, Der europäische Weg, 2η έκδοση 2015, σελ. 49, *Möllers/Schneider*, Demokratiesicherung in der EU, 2018, σελ. 38 κε.

*Möllers/Schneider*, Demokratiesicherung in der EU, 2018, σελ. 40 κε.

Για τη διαδικασία *Ruffert*, σε: Calliess/Ruffert (Επιμ.), EUV/AEUV, 5η έκδοση 2016, Άρθρο 7 EUV. *Möllers/Schneider*, Demokratiesicherung in der EU, 2018, σελ. 45 κε.

*Becker*, σε: Schwarze, EU-Kommentar, 3η έκδοση Baden-Baden 2012, Άρθρο 7 EUV, αρ.παρ. 4 κε. *Pechstein*, σε: Streinz, EUV/AEUV, 2η έκδοση München 2012, Άρθρο 7 EUV, αρ.παρ. 7. *Ruffert*, σε: Callies/Ruffert, EUV/AEUV, 5η έκδοση München 2016, Άρθρο 7 EUV, αρ.παρ. 8 κε., *Voßkuhle*, Die Idee der Europäischen Wertegemeinschaft, Thyssen Lecture 2017, σελ. 30 κε. Κριτική στη διάταξη βλ. *Möllers/Schneider*, Demokratiesicherung in der EU, 2018, σελ. 39.

*Hilf/Schorkopf*, σε: Grabitz/Hilf/Nettesheim, Das Recht der Europäischen Union, 66. EL Φεβρουάριος 2019, Άρθρο 2 EUV, αρ.παρ. 46, 47.

Ανακοίνωση της Επιτροπής προς το Ευρωπαϊκό Κοινοβούλιο και το Συμβούλιο, Ένα νέο πλαίσιο της ΕΕ για την ενίσχυση του κράτους δικαίου, COM(2014) 158 final. Σχετικά και για την ενεργοποίηση: *Haltern*, Europarecht, Τόμος 1, 3η έκδοση 2017, σελ. 108.

*Müller*, Safeguarding Democracy inside the EU. Brussels and the Future of the Liberal Order, Transatlantic Academy Paper Series, Nr. 3, 2013. Should the EU protect democracy and the rule of law inside Member States?, European Law Journal Vol. 21 (2), σελ. 141. The Commission gets the point – but not necessarily the instruments, VerfBlog, 2014/3/15. *Scheppele*, Enforcing the Basic Principles of EU Law through Systemic Infringement Actions, σε: Closa/Kochenov (Επιμ.), Reinforcing the Rule of Law Oversight in the European Union, 2016, σελ. 105. *Scheppele/Pech*, Is There A Better Way Forward?, VerfBlog, 2018/3/10.

Για την Ουγγαρία: Venice Commission, Opinion No. 614/2011 on three legal questions arising in the process of drafting the new constitution of Hungary, 28 Μαρτίου 2011. Opinion No. 621/2011 on the new constitution of Hungary, 20 Ιουνίου 2011. Opinion No. 720/2013 on the fourth amendment to the fundamental law of Hungary, 17 Ιουνίου 2013. Για την Πολωνία: Venice Commission, Opinion No. 833/2015 on constitutional issues addressed in amendments to the Act on the Constitutional Court of 25 June 2015 of Poland; Opinion 860/2016 on the act on the Constitutional Tribunal; Opinion 904/2017 on the Draft Act amending the Act on the National Council of the Judiciary; on the Draft Act amending the Act on the Supreme Court, proposed by the President of Poland; and on the Act on the organisation of Ordinary Courts.

ΔΕΕ, απόφαση της 6ης Νοεμβρίου 2012, υπόθεση C-286/12, Επιτροπή κατά Ουγγαρίας, σχετικά περαιτέρω παραπομπές: *Möllers/Schneider*, Demokratiesicherung in der EU, 2018, σελ. 56 κε.

Σχετικά: v. *Bogdandy/Ioannidis*, Das systemische Defizit, ZaöRV 74 (2014), σελ. 283 (309 κε.).

*Orbán*, Speech at the 29th Bàlványos Summer Open University and Student Camp, https://www.kormany.hu/en/the-prime-minister/the-prime-minister-s-speeches/ prime-minister-viktor-orban-s-speech-at-the-29th-balvanyos-summer-open-university-and-student-camp, τελευταία πρόσβαση στις 27 Μαΐου 2019.

*Möllers/Schneider*, Demokratiesicherung in der EU, 2018, σελ. 99 κε.

Ανωτέρω, II.2.

Βλέπε ως προσπάθεια σύνδεσης των μέσων και του κράτους δικαίου την πρόταση Κανονισμού του Ευρωπαϊκού Κοινοβουλίου και του Συμβουλίου για την προστασία του προϋπολογισμού της Ένωσης στην περίπτωση γενικευμένων ελλείψεων όσον αφορά το κράτος δικαίου στα κράτη μέλη, 2018/0136 (COD).

ΔΕΕ, απόφαση της 27ης Φεβρουαρίου 2018, υπόθεση C-64/16, σχετικά ανάλυση στον *Bonelli/Klaes*, Judicial Serendipity, European Constitutional Law Review, Τόμος 14, Τεύχος 3, Σεπτέμβριος 2018 , σελ. 622-643. *Brauneck*, Rettet die EU den Rechtsstaat in Polen?, NVwZ 2018, σελ. 1423 (1426). *Gärditz*, Institutioneller Respekt und unabhängige Justiz, DRiZ 2019, σελ. 134.

Υπόθεση C-619/18, πρβλ. τη διαταξη στη διαδικασία της προσωρινής προστασίας της 17ης Δεκεμβρίου 2018 καθώς και τις απόψεις του Γενικού Εισαγγελέα της 11ης Απριλίου 2019 στην βασική υπόθεση.

ΔΕΕ, απόφαση της 27ης Φεβρουαρίου 2018, υπόθεση C-64/16.

Σχετικά με το προφανώς εγκαταλελειμμένο σχέδιο μίας καινούριας ουγγρικής διοικητικής δικονομίας σε αυτό το πλαίσιο: *Kazai*, Administrative Judicial Reform in Hungary: Who Gives a Fig about Parliamentary Process?, VerfBlog, 2019/5/01.

*Hilf/Schorkopf*, σε: Grabitz/Hilf/Nettesheim, Das Recht der Europäischen Union, 66. EL Φεβρουάριος 2019, ΣΕΕ άρθρο 2, σκ. 8 κε.

Ανωτέρω, III.2.

Με τις παρατηρήσεις για την αρχή της σιωπής ως κομματικής επιταγής: *Müller*, Die EU als wehrhafte Demokratie, oder: Warum Brüssel eine Kopenhagen-Kommission braucht, VerfBlog, 2013/3/13.

*Πλάτων*, Πρωταγόρας 358β-γ, σχετικά με μοντέρνα αμφισβήτηση: *Davidson*, How Is Weakness of the Will Possible?, σε: ίδιος, Essays on Actions and Events, 2η έκδοση 2001, σελ. 21 κε.

*Αριστοτέλης*, Ηθικά Νικομάχεια, 2006, σελ. 193 κε. (Βιβλίο VII 1-11).

*Möllers*, Krisenzurechnung und Legitimationsproblematik in der Europäischen Union, Leviathan 43:3 (2015), σελ. 339 (340, 356).

# The European Union as a democratic federation

**CHRISTOPH MÖLLERS**

# I. FEDERALISM AS A POLITICAL ENTITY?
## An introductory transatlantic perspective

When *Thomas Jefferson* assumed office as the third President of the United States of America in 1801, he was confronted with the fact – unforeseen by the Founding Fathers – that his election had been the outcome of a dispute between political parties.[1] For Jefferson as well as most of his contemporaries, the country's splitting into such "factions", (the term used at the time), was a great calamity which he simply did not want to accept. After all, the Americans had all closed ranks under the banner of the same moral principles to put an end to British colonial power. So why were they breaking up into different factions now? This was the setting then for his inaugural speech held in March 1801, in which he stated these oft-quoted words:

*"We have called by different names brethren of the same principle. We are all Republicans, we are all Federalists."*[2]

Jefferson's attempt to reconcile the opposing political factions of his day by appealing to the notions that had united them in the American Revolution miscarried. The feud between "Republicans" – today's Democrats – and "Federalists", today's Republicans, intensified over the next few decades. It culminated in a bloody civil war, cementing political dividing lines, which have left a schism in the country that has maintained itself with remarkable tenacity down to the present day.

When the European Union adopted the traditional motto of the United States "E pluribus unum"[3] as the template for its own motto, "united in diversity"[4], it would at first glance appear to have been overlooking or at least underestimating this historical background.

Upon closer scrutiny, however, it is possible to relate the story of the political conflicts in US history from another angle – and this may well help us to better understand the current constitutional problems facing the EU. For as brutal and fraught with conflict as the history of the United States is, it is only conceivable as a history in which a political community defines itself along the very lines it has been fighting over. In other words, the conflict between Federalists and Republicans at the time, as well as the one separating Republicans and Democrats today, not only rent the country asunder – it has also intermingled many other social disparities and political conflicts in a large and heterogeneous society: the divide between agricultural and industrial interests, between city and countryside, between North and South, between ethnic groups and between advocates of one type of foreign policy as opposed to another, with some desiring closer relations with the old colonial power, Great Britain, and others advocating a harder line[5]. The USA has also become a role model for all democratic federations by devising dual political processes and succeeding in forging a democratic community out of an unruly diversity of interests and preferences.[6] In the following I explore to what extent this notion of a democratic federation may also be of importance to European integration.

On the surface, there is not much to suggest that the European Union will develop along the same lines as the United States did. It is true that some aspects of American history may seem very familiar to Europeans today: the long struggle for the creation of a single, non-discriminatory economic area that dragged on throughout the 19th century,[7] the slow emergence of federal authorities[8], political criticism levied at the notion of a court at the level of the Federation,[9] the U.S. Supreme Court, which viewed itself first and foremost as the guardian of legal unity (at times clearly overstating this aspiration, like at the beginning of the American Civil War),[10] or the fierce political battle over a national central bank.[11] If one compares these developments with the institutional steps that the EU has taken in recent decades, then, contrary to a commonplace preconceptions, European development appears to have taken place at break-neck speed. Thus, there is probably not a single epoch in American legal and administrative history in which the institutions of the Federation developed as rapidly as did European integration in barely over three decades between the adoption of the Single European Act in 1987 and the EU of 2019 – an epoch in which integration encompassed both decision-making procedures as well as entire policy areas, and not least a common currency for a substantial number of the Member States.[12] From this comparative perspective, which adopts a longer historical perspective, the dynamics of European integration, its capacity to evolve, appears to be unbroken. At the same time, the path it has taken would not appear to be categorically different from that of the United States.

The actors involved in the process of European integration, whether consciously or unconsciously, have not infrequently even drawn parallels to American history: for example, when national constitutional courts reserve the right not to apply Union law, citing the distribution of competences[13] – thereby recycling constitutional arguments to a large extent developed in the ante-bellum American South by *John C. Calhoun*, a politically and intellectually influential senator and former Vice-President from South Carolina.[14]

There are other phenomena characterising European integration, however, that down to the present do not appear to even faintly resemble the development of the United States – and one of these is the question of the unity and division of the EU into a small number of political camps prone to conflict. The fact that the European Union is enduring a multitude of crises these days should not surprise anyone familiar with the history of federations, which have always evolved by virtue of such crises. The fact that current conflicts are taking place so little along the same political dividing lines is perhaps the biggest problem facing integration over the long run.[15] This is because today we Europeans are not only Greeks or Germans, right-wing or left-wing, pro-European or Eurosceptics or perhaps even democrats or authoritarians. We are all these in the most widely varying combinations. There are Greeks and Germans, left-wing and right-wing, perhaps even democratic and authoritarian Eurosceptics and pro-Europeans. Widely varying, but very deep political rifts in the European Union do not seem to have coalesced in the form which, despite all the upheavals, have made it possible for the fractured and fissured United States to become a real political community.[16] But a democratic federation would be just that: a union of political communities that create a new political community without the old ones ceasing to exist.

In recent months, we have witnessed in the guise of *Brexit* how crucial it is to reconcile political conflicts in a single decision-making process.[17] British politics has been characterised by many as chaotic. But when one takes a closer look at it all, it is apparent that an institutional logic has been unfolding here that is stronger than the best-laid plans of the actors involved: we see a political system that even with a "first-past-the-post" voting system in the last elections to the House of Commons was unable to produce a clear government majority. The same system also produced a narrow outcome in the referendum, in which only about 52 per cent of the voters cast their ballot in favour of Brexit,[18] but a significantly larger proportion of the constituencies, and in which the absence of a rule governing the relationship between direct voting and parliamentary decision-making has rendered national decision-making itself virtually impossible.[19]

But is this also a problem afflicting federalism? Absolutely. This is because one of the central problems plaguing political decision-making in the United Kingdom is the lack of organisation when it comes to subnational interests in the British constitutional order, namely the interests of Scotland and Northern Ireland.[20] This lack of inclusion has not only ensured that the government does not have its own parliamentary majority – it is also the problem at the heart of the negotiations: the question of the Irish/Northern Irish border as an external border of the European Union[21]. Here, too, it becomes apparent how important and difficult it is to organise political decision-making in a system of federal diversity.

In the following we examine the problem of political decision-making in Europe from the perspective of a democratic federalism model. To this end, the first step is to develop the notion of a constitution for a democratic federation (II.) and then to address two concrete problems: the question of a European government (III.) and the urgent problem of how the EU should deal with Member States which deviate fundamentally from its political ideals (IV.).


## II. DEMOCRATIC FEDERATIONS


### 1. THE NOTION OF "FEDERATION" IN THE CONSTITUTIONAL FRAMEWORK

The term "federation" appears to evoke almost diametrically opposed associations in different languages and cultures. While in Germany federalisation denotes a special form of decentralisation,[22] in other languages, namely English, the term seems to designate a central level and its empowerment.[23] To describe the

European Union as a "federation" can accordingly be understood as presumption of centralism or as an expression of a lack of institutional sensitivity, as if the EU were nothing more than a federal state. It was no coincidence that this term, which *Robert Schuman* wanted "written into" the early phase of integration, was removed once again from the founding treaties.[24] It seemed to imply an all too a teleological view in the direction of statehood.

If one looks at the development of federal structures such as those of the United States, Switzerland, the German Empire in the 19th century or even the EU after the World War II and attempts to develop "federation" as a generic term for such communities, the concept may help to seek an alternative perspective on the development of the EU, above all a view that frees one from any and all necessary teleology by typologising developments without thinking them through starting with their possible end-point[25]. I would like to highlight two elements that have played a special role in the recent comparative constitutional debate:

*Firstly,* federations are characterised by their leaving the question of final sovereign decision-making power unresolved.[26] There is no simple and clear-cut answer to the question of which level is sovereign; it is, rather, politically speaking usually a controversial issue and impossible to answer in institutional terms. This would also appear to apply to the EU as well. The old quarrel between supporters of Member-State sovereignty and advocates of autonomous Union law will not be resolved in the foreseeable future: Some may invoke the sovereignty of the Member States under international law and the need to adopt amendments to the Treaties by consensus.[27] Others will point out that the perspective of amending the Treaty cannot capture the legal dynamics of European integration because it is first and foremost Union institutions themselves that must interpret the scope of their competences. Even the Member States act quite differently in the various Council bodies on which they sit than sovereign individual states, namely as cooperative partners that are already communitised. From this point of view, questions regarding who is to have the power to issue final decision between political bodies or even between courts such as the Court of Justice and national constitutional courts are framed in the wrong way right from the outset.[28] The question of sovereignty is associated with a permanent process of negotiation – as we are familiar with from other federal systems such as that of the United States or Switzerland.

*Secondly*, a more political understanding of the pan-European order of competences is bound up with such an understanding.[29] The notion that the competences of different political levels could be conclusively laid down in the form of legal provisions and then left up to judicial controls, which is especially widespread in Germany, misses the point. This belief holds sway in federal states that are politically strongly consolidated such as the Federal Republic of Germany, where the question as to which level should have competence with decisions is no longer able to provoke fundamental political conflicts.[30] Such a legalistic conception is, however, atypical and inappropriate for such federal entities in which precisely this question of the competence of a level is politically sensitive. This does not mean that standards applying to competences cannot be reviewed by courts. But it does mean that this review functions differently than, for example, a review of fundamental rights, because the review of competences has to apply a lower level of scrutiny while maintaining a high level of sensitivity for political decision-making at the federal levels. The reviews of competences performed by the U.S. Supreme Court, which for decades after the *New Deal* did not produce any repeals of federal acts, are a well-known example of this,[31] but such aspects are also to be seen in the European Union.[32] The distribution of competences has proven to be politically flexible without becoming arbitrary. Such an understanding of the interpretation of competences does not always have to work in favour of the EU level. If there is political or constitutional resistance in Member States, the ECJ will also have to contemplate which conflicts it is willing and able to resolve.[33]

## 2. A POLITICAL UNDERSTANDING OF CONSTITUTIONS FOR THE EU

If one accepts such a view of things, it has consequences for the notion of European "constitutionalisation". This is because the emergence of federal political communities serves as a reminder to us that a constitution is not simply a legal norm, but also a founding political document, and that the process of constitutionalisation cannot simply be understood as a mere legal framework, which increasingly superimposes rules on the Member States.[34]

A political understanding of the concept of a constitution is often overlooked by European legal scholars, as they have long been very keen, in the tradition of *Walter Hallstein*, to view the process of European constitutionalisation through a purely legal lense: The more uniform the rules with which the Member States are bound to European institutions, and the more subjective rights the citizens of Europe have in common, the more it would appear justified to speak of a European constitution: In *Hallstein's* words, European integration constitutes a "community of law".[35]

The fact that the revolutionary constitutional traditions of France and the United States, which Europeans like to allude to whenever it happens to suit them, was primarily a tradition that was supposed to make politics a feasible endeavour, was pushed into the background for a long time. Constitutions, however, do not only limit a political process that already exists, they constitute it, they create it, and this means with regard to the relationship between law and politics: Constitutions construct a new political community and one of their functions is to render the political sphere that they create capable of making decisions. The emergence of the European Parliament and the fact that the formation of political opinion within the Parliament has today detached itself from the Member State that the members are from, thus making political orientation more important than nationality,[36] is only one example of a European constitutionalisation understood in the political sense.[37]

All this, as we shall see, is not insignificant legally speaking, because it will remind us that the protection of the European Constitution involves not only elements of the rule of law, but also democratic elements.[38] Such an understanding of a constitution that is not purely legal also better explains the constitution of a European federation that consists of a variety of independent democratic processes that do not emanate from a single source of legitimacy, but instead from various original political processes.

### 3. PLURALISTIC AFFILIATIONS
This political diversity takes on additional complexity in the EU because European citizens, above and beyond all social and political differences, have very different notions of which political identity is most important to them. Many Europeans see themselves first and foremost as citizens of their own Member State, but there are also many others who see themselves more as Europeans than as national citizens, and yet others – such as in Catalonia, Scotland, with some exceptions Bavaria or Flanders as well – who place their primary allegiance with a constituent state of a larger federal state.

These different matrixes of identification are important because they measure the acceptance of different decision-making rules at different levels. Those who see themselves first and foremost as nationals of a Member State will welcome unanimity rules at the European level, while those who view themselves as Europeans will tend not to. But when allegiances are fragmented, there is no longer any clear rule that can answer the question at which level which decisions can be made with which rules in a politically legitimate way.[39] Problems like these may also explain why the decision-making rules actually in force, particularly those in the Council, are so complex that hardly anyone understands them. This is a serious democratic burden on the Union. One could also say that clear and generally understandable rules are a central element of successful constitutionalisation with political procedures that must seek and serve the inclusion of all.

We are now prepared to turn our attention to two examples of current crises gripping the federal structure of the EU. Among the many other possible crises to select from, I have chosen a more fundamental one, the question of a European government (III.), and a more topical, but also central one in system terms, the question of how to deal with politically deviant members of a federation (IV.).

## III. THE PROBLEM OF A EUROPEAN GOVERNMENT

### 1. GOVERNMENT IN FEDERAL SYSTEMS

The institution of "government" is by no means only reserved for sovereign states.[40] In most cases, regions, constituent states, but also municipalities have an identifiable political leadership that guides the political orientation of the community even if the institution in question only has a limited amount of competence. Government is not an attribute of sovereign states.

There is one exception to this rule, however, namely international organisations. As a rule,[41] international organisations have a purely administrative management; these bodies are not by coincidence called "secretariats."[42] In principle, they cannot claim any political legitimacy of their own, and instead must be understood as auxiliary institutions of sovereign states, which as a collective are responsible for the political leadership of the international organisation. In federal systems, on the other hand, the institution of government including sometimes even the titles of heads of government are reproduced, or in any case the forms of organisation in which the central and Member States govern simultaneously with or against each other. The difference between a federal form of organisation and mere de-centralisation is precisely that in the former there must be political bodies at both levels.[43]

At the same time, in federal systems the function of government is always tricky, especially in its early stages. This applies in particular to one classical function of government: attending to external relations. Thus, federal structures such as the early German Empire maintained the embassies of constituent member states such as Prussia or Bavaria for decades after they were founded.[44] Such structures can still be found today in Belgium, for example, whose constituent states not only maintain their own foreign representations with other states, but whose constituent state parliaments also have to approve international treaties.[45] German constitutional law also contains artefacts of such structures, for example when a Land minister sits on the Council of Ministers as a representative of the entire Federal Republic of Germany and negotiates legal acts on certain issues such as broadcasting law.[46] One may doubt whether such a structure is a genuine manifestation of federal diversity towards the outside world in cases where international relations in this form are meant to apply in a uniform manner to the entire federation. This is where the maxim of *James Madison* forwarded in No. 42 of the Federalist Papers comes in: *"If we are to be one nation in any respect, it clearly ought to be in respect to other nations."*[47] This maxim does not, of course, even come close to applying to the EU as of yet.

## 2. IN SEARCH OF A GOVERNMENT OF THE EU

The EU was already a special case in its beginnings as the European Coal and Steel Community and the European Economic Community, because the High Authority of the EEC, which later became the Commission, was from the very outset more than a mere secretariat of an international organisation.[48]

This "more", however, initially applied less to the political process than to the executive powers of the Commission, which were unusual in the field of international law; in this regard the Commission resembled more a national administration than a European government.[49] The monopoly over the initiative to submit proposals laid down as far back as the first EEC Treaty also gave the Commission the unusual political mandate to ensure the further development of integration, however, albeit within the framework of the Treaties.[50] If one extrapolated a straight line of development from this strong institutional starting point into the 1980s, in which one also incorporates the development of the European Parliament, it could have expected that at EU level the European Commission would have become a European government – completely irrespectively of the question as to how many competences the Member States were prepared to give up. In his capacity as President of the Commission, *Walter Hallstein* had already wanted to call himself the "Prime Minister" of the EU in an interview back in the 1960s, but was restrained by the Member States[51]. The Commission reached the zenith of its institutional importance in the mid-1980s with the "White Paper on the completion of the internal market" under *Jacques Delors*.[52]

The fact that no governmentalisation of the Commission subsequently took place was due to constantly growing direct political cooperation between Member State governments in the EU. Both new policy areas provided for in the Maastricht Treaty and the gradual institutionalisation of the European Council as a kind of informal "super institution", in which both the competences of all Council bodies and the power of the Member States to amend the Treaties are rescinded, have arrested the rise of the Commission.[53] This development was formalised in the Treaty of Lisbon, in which the office of President of the Council was added to the presidents of the Commission (and the rotating presidency of the Council of the Member States[54]). By virtue of this, the EU formally ratified at least two presidents and thus the principle of a divided government.[55]

If one poses the question today of who is in government in the EU, one will come up with some very different answers.[56] The Commission still has the right of initiative with legislation, but this has increasingly been usurped by Council bodies.[57] The Commission can issue far-reaching administrative decisions in some areas and can also steer international relations, for example in the fields of competition law and international trade law. At the same time, many foreign policy issues are shaped by Council bodies, whereas others are ultimately shaped only by powerful individual Member States, such as policy areas like the politically very important negotiations with Ukraine. At least four bodies come to mind here: the Commission, the Council Presidency, the President of the Council and the European Council.

Many of the EU's problems relating to legitimacy result from this fragmentation. Symbolically, the designation of a government serves to define, on the one hand, an institution that assumes political leadership and, on the other hand, an institution that can be held accountable for political developments.[58] This is important both towards the outside world and internally. It answers the question of what institution foreign powers should interact with, as well as the question of with which institution other institutions have to compete with politically.

To take an example: The power of the Chairman of the *Federal Reserve*, the head of the US central bank, is only legitimate if it is wielded in relation to the President of the United States. Even though the bank is formally independent of the government, there must be a contrast between democratic and "expertocratic" powers if the bank's "expertocratic" power is to be rendered politically acceptable. The EU has managed to establish a very powerful central bank with a powerful president who does not have any clear political counterpart.[59] This calls into question the bank's legitimacy regardless of the decisions it takes because its independence is not embedded in a clearly responsible political process, but in a diffuse form of parallel decision-making. If it then even becomes evident that the decision-making process in the internal bodies of the ECB is developing in line with the interests of national Member States, in other words if there is a sort of democratic federalisation within the "expertocratic" agency, to use the parlance of this analysis, then it is difficult to find any convincing justification for the independence of the ECB.

At this point, it should be reiterated that the problem of a lack of government in systemic terms has nothing to do with the plethora of competences that an institution is entitled to. Clear political responsibilities can also be set out for political power that is tightly constrained in its competences. But this insight has never taken hold institutionally in the process of political integration. It is typical of European integration, rather, that the incongruence between the level of the Member States and the level of the EU has been built into the organisation of the EU itself. In the EU, not only are States represented legislatively, as in all federal systems,[60] but there is also an impenetrable coexistence of the Union's own, supranational as well as Member State intergovernmental forms of organisation.

From this one also arrives at the strange conclusion that in the political debates of the Member States, "the EU" is very often held responsible for decisions that were essentially made (or avoided) by the Member States, but in which the actual supranational institutions hardly played a role. The Commission did not significantly shape developments either in the Euro crisis or the migration crisis.[61] In this form "the EU" thus becomes an object which is attributed a political responsibility which would not be tantamount to a constitution of the Union's own institutions which could actually assume this responsibility. This is largely the case because there is no government. Herein lies a paradox: The EU is so powerful in its array of competences that the Member States are only prepared to accept this power if they participate in the exercise of these very competences. [62] In effect, this means that the idea of a government for the EU has been abandoned.

### 3. A POLITICAL ROLE FOR THE EUROPEAN COMMISSION?

This development is all the more remarkable because in recent years the European Commission has increasingly asserted that it aims to be perceived as a political institution.[63] A political Commission would have to claim to be acting as a kind of EU government, however. But the question then is where, given current political and legal conditions, such a political role for the Commission could originate.

An *initial* answer could emerge from the Commission's genuinely political, i.e. along the lines of political parties, preferences. The composition of the Commission is of course the product of a complex system of proportional representation of Member States and political parties.[64] It is therefore not possible to conceive of it as a political Commission in the sense of having a certain political orientation. It remains an all-party coalition project even in the wake of 2019 European elections. This needs not to rule out its assuming governmental functions. After all, in many nation states, including EU member states such as Germany, there are governments that rule on the basis of what is ultimately a grand coalition with a diffuse political platform.[65] Perhaps even more similar to the European case may be the Swiss Federal Council, whose composition has been determined by a proportional key since 1959.[66] One may well wonder how political leadership functions in Switzerland. In any case, the Federal Council offers an interesting institutional perspective for the future development of the Commission. At the same time, it remains the case for the time being that, although Switzerland does not exhibit any direct politicisation of its governmental function as most other states do, it nevertheless functions as a government in contrast to the Commission and is able to further politicise things, namely through the important institution of referendums.[67]

*Secondly,* the political function of the EU that is claimed could be understood less along political party than institutional lines. The Commission's political aspiration would then be to formulate an agenda for the further development of the EU. It is worth noting that the Commission ultimately rejected taking on this task by developing five different scenarios for the institutional development of the EU in its "White Paper on the Future of Europe" in March 2017, without explicitly advocating any of them.[68] This remarkable step not only contradicts the notion of political leadership, which would need to be combined with the aspiration of becoming a political Commission. It is a regression compared even to the traditional role of the Commission since the Treaty of Rome, in which the Commission has assumed the role of deciding on its own initiatives, but not of elaborating different options between which the Member States would be able to choose. Instead, the traditional procedure presupposes that the Commission identifies politically with the proposals it submits.[69]

In the search for a genuinely political role for the Commission, we may, *thirdly*, find what we are looking for elsewhere: The Commission increasingly sees itself as a mediator in conflicts between Member States.[70] To this end, it is also prepared to abandon its role as watchdog over Member States' compliance with EU law as laid down in the Treaties, and to make it possible to reach compromises by exempting Member States from their obligations under Union law or by ensuring that breaches of the law are not prosecuted by the Commission.[71] This could be observed both in the European debt crisis and migration crisis.[72] It is one thing to design a federation in such a way that its members can respond flexibly to particular challenges in the face of a dense network of legal obligations. It is quite another matter whether granting such flexibility can be construed as political leadership. In light of the above, both the Commission's role as an "honest broker" between Member State governments and exercise of the instrument of relaxing legal obligations for this purpose constitute a step backwards from the supranational structure already achieved in the direction of classical law governing international organisations. Mediating between Member States is a task performed by the secretariats of international organisations, which cannot claim any status of political leadership.[73] It is no wonder, then, that the use of international legal instruments has become increasingly important, especially in the Euro crisis.[74] With the return to forms of international law, the question of where the government is located has been put on the back burner. The problem of legitimacy resulting from this absence has yet to be solved, however. On the contrary, the problem would appear to be intensifying.

## IV. DEALING WITH DEVIANT MEMBER STATES

A second pressing problem, typical of democratic federations, is how to deal with Member States that deviate fundamentally from the federations political ideals.

### 1. AN UNSOLVED PROBLEM OF DEMOCRATIC FEDERATIONS

Federations are political communities made up of political communities. This presupposes certain political commonalities between all the members themselves as well as between the members and the upper level of the Federation. Such commonalities can be found in most federal constitutions, such as the American, Swiss and German ones, all of which expressly stipulate that the confederation and its members must have a certain form of government – let's call it a republican one.[75] One can go one step further and assume that the possibility of federal diversity can only be achieved if all political components of the federation not only have the same structure, but also a democratic structure.[76] This is because it is only under democratic conditions that the political freedom exists to allow different political preferences to coexist side by side. Although this does not apply to the institutional beginnings of a federation, which is still strongly marked by structures established in international law, it does in any case apply to the further course of consolidation.

This raises the question as to how far such political freedoms of members can extend and what is to happen when they are over-stepped. This is a matter of tremendous urgency preoccupying the EU at present. Before we address this, we should realise that this is first of all not a new problem and secondly that it has yet to be resolved. This is due to the fact that many of the major conflicts surrounding the founding of today's federal states have been triggered by the conflict between central and constituent state levels over the fundamental orientation of the Federation. Thus, the American Civil War as well as the *Sonderbundkrieg*[77], which was decisive in the establishment of the Swiss constitution, or the conflict between Prussia and Austria over the further development of the German Confederation can be interpreted along these lines.[78] For various reasons, these experiences are also of pertinence to Europeans at present, even though institutional and social circumstances were completely different then compared to today.[79]

*First of all*, these conflicts show the immense amount of time that can be expected to pass before heterogeneous political entities join together to form a community worthy of the name of a political federation. The political developments that gave rise to the conflicts and their resolution have dragged on for decades, if not centuries.

*Secondly*, it would appear that political conflicts can come about as "immune reactions" to excessively rapid spurts of integration. This goes not only for the development of legal institutions, but also other questions relating to social progress. Even in the 19th century, problems often related to different models of economic modernisation, like those we are experiencing in the EU today.

*Thirdly*, such conflicts are not resolved simply by instituting a founding act and adopting a constitution. They can arise despite, or because of, such foundings.[80] Applying this observation directly to the institutional history of the EU, it is tantamount to saying that the failure of the European Constitutional Treaty as a symbolic refounding of the EU[81] has nothing to do with the crises facing the EU today. Political conflicts cannot be prevented by such acts.

*Fourthly* and most importantly, however, there is the insight that historical federal conflicts have not produced convincing institutional solutions. Ultimately, each and every one of these conflicts were resolved by force, there was no procedural response to the problem. Even in consolidated states, we still do not know how to deal with such problems.

To take a fictitious example: If the 2019 *Landtag* elections in three eastern German states result in a government majority for the right-wing, authoritarian AfD, a prospect that seems unlikely but cannot be completely ruled out, then there would not simply be a set of constitutional instruments providing for procedures that could ensure that the *Länder* concerned adhere to the constitutional framework of democratic rule of law. Although there are procedures in German constitutional law to force *Länder* to behave in line with the constitution,[82] these are cumbersome and, if more than just one or two *Länder* are involved, not necessarily practicable either, because the necessary majorities in constitutional bodies are quickly lacking.

## 2. SPECIFIC FEATURES OF THE EUROPEAN UNION

If one examines the crises currently facing the EU with this in mind, the helplessness with which Member States and supranational bodies are wrestling with developments in Poland and Hungary, but also in part in Romania and Italy, is less astonishing. This does not mean one should seek refuge in flights of fatalism. Nor does it mean that no concrete mistakes have been made. But it does show that it is not so much a spectacular failure of the EU as it is a structural problem facing democratic federations.

It is not self-evident that the EU should concern itself with the internal political situation of its Member States. The fact that we now have criteria and procedures at our disposal that provide for a response when Member States violate minimum constitutional standards is a result of more recent developments.[83] On the one hand, this results from enlargement processes and, associated with these, the insight that the criteria for accession to the EU should be kept alive even after accession. On the other hand, it results from more recent developments, above all the unfortunate way in which the EU, more precisely the Member States, dealt with the formation of the Austrian government in 2000, which led to the initiation of preliminary measures in accordance with Art. 7 TEU[84]. The background to this was the political isolation of Austria following the formation of a coalition government between the Christian social ÖVP and the right-wing nationalist FPÖ. Austria's political isolation within European institutions was achieved without any procedure and without any legal basis at the instigation of individual Member States, even without them seeming to know exactly what they were actually supposed to sanction other than the decision of the Austrian electorate. In retrospect, this approach was at best unsuccessful, if not downright harmful, as it had a boomerang effect strengthening solidarity with the FPÖ. Moreover, one may well ask whether the same Austrian coalition government that fell apart in the early summer of 2019 is not even more dangerous for democratic/rule-of-law institutions, without this having prompted any reaction at EU level.

### 3. PROSPECTS FOR A SOLUTION: DE-POLITICISATION OR RE-POLITICISATION OF THE PROCEDURE?

The procedure set out under Art. 7 TEU is fraught with obvious problems:[85] The suspension of certain Member States' rights, in particular voting rights in the Council, requires, as a last resort, a difficult-to-attain consensus in the Council. The procedure is also based on a very unclear standard, Art. 2 TEU, which contains a rather disorderly *potpourri* of political platform policies and "values" that cannot easily be spelled out in actual practice in any convincing manner.[86] Furthermore these standards are not subject to judicial review.[87]

In recent years, many institutional proposals have been made as to how the problem could be solved structurally. Despite all the differences in detail, they have all been similar in structure. The question of whether Member States meet minimum European standards should be left to a politically independent review. The approach of depoliticising this question has two levels. At the level of standards, the problems posed by Poland and Hungary are viewed as rule-of-law problems, particularly in the eyes of the Commission.[88] At the level of the review institution, the vast majority of reform proposals[89] aim to have either a court such as the EU Court of Justice or independent panels of experts perform the review. In the past, the Venice Commission, an institution of the Council of Europe composed of former and active constitutional judges and other experts, has played an important role in assessing developments in Poland and Hungary.[90] Ultimately the Court of Justice intervened to the extent permitted by the logic of Internal Market rules, namely in the case of the early retirement of judges carried out by the Hungarian government – an intervention which, however, ultimately did little to change the enforced political conformity of the Hungarian judiciary.[91] But can the attempt to depoliticise the problem on both levels really be successful?

Let's start at the level of standards: Looking at developments in Poland and Hungary, one may doubt whether this is a pure rule-of-law problem. We are familiar with problems like this, in which doubt has been cast on neutral, systematic enforcement of law, from other EU Member States, for instance Bulgaria and Romania[92]. But developments in Poland and Hungary are different. The ultimate aim here is to challenge an open democratic process and thus the possibility of voting out incumbent governments. This involves the *political organisation* of these states. These are not simply careless, corrupt or incapable of enforcing European and national law. Instead, what they have in mind is a different kind of political organisation, which *Viktor Orbán* has termed "illiberal democracy". *Orbán* rules a country where there is no free press. At the same time, he stated in a speech in March 2018: *"The situation in the West would appear to be that liberalism rules, but there is no democracy".*[93]

The EU's dispute with Poland and Hungary is therefore a wrangle over their democracy and their politically legitimate form of government.[94] The EU should approach this dispute at its face value and not pretend that it can be defined as purely a problem of legality. This understanding is also based on the current sanctions procedure laid down in Art. 7 TEU when it leaves the matter of dealing with deviant Member States up to Council bodies, i.e. to a political institution. This view also corresponds to the notion of a democratic federation discussed in the foregoing, which is committed to the political concept of constitutionalism[95], in which crucial questions regarding the relations between the constituent Member States themselves and between them and the higher level cannot be conclusively settled by law.

What does this mean in terms of the problem at hand? On the *negative side*, it means that the hope of being able to solve the problem with the help of new instruments, procedures or bodies is scarcely justified. A fundamental political conflict of this kind cannot be organised out of existence. This corresponds to the historical experience with political federations that I have described in the foregoing. This does not mean that one should not continue to think about improving procedures. It only means that the fundamental political conflict will not go away. In concrete terms, even if one starts by making European subsidies contingent upon the adherence of a Member State to the values laid down in Art. 2 TEU, the fundamental questions of how to determine violations and who is authorised to do so will have to be answered.[96] One current development, however, points in a different direction. In its decision on the retirement of judges in Portugal,[97] the EU Court of Justice has in its arguments also paved the way for a review of at least the Polish case, which is now also pending before the Court.[98] By making the independence of the judiciary a standard of primary law against which the Portuguese government's austerity measures can be measured,[99] the Court has developed criteria that also appear to be applicable to the Polish government's handling of the judiciary there. But even if the Court can be expected to object to Polish interference with the judiciary, one may well ask whether this is sufficient to protect Polish democracy. Experience with Hungary shows that rescinding dismissals of high court judges cannot protect the independence of the judiciary over the long term. There are many methods of subjugating a judiciary – not least the establishment of new branches.[100] Moreover, not all attacks on an open democratic process can be checked by judicial means, for example when the task is to secure an open opinion platform accessible to all. Finally, it cannot be overlooked that the European Court of Justice's move to review rule of law in the Member States shifts the balance between the levels of jurisdiction in favour of the EU, including in the case of a properly functioning rule-of-law regime.

The *positive* conclusion to be drawn from these musings is that the political institutions must seek a solution. With regard to the EU, it is easy to attribute institutional failure. While the issues at hand have been openly and controversially debated time and again in the European Parliament, they have been ignored by the Heads of Government in the Council for years. The Treaties have stipulated loyalty of the Member States to certain standards as an obligation laid down in Union law. Setting out fundamental values of Art. 2 TEU is revolutionary because it has explicitly made the internal political constitution of the Member States a matter for the European Union,[101] albeit not an issue that is subject to review by the courts. The governments of the Member States have nevertheless treated this issue for a lengthy period of time as an internal matter of the Member State concerned. To our knowledge, the problems in Hungary have not been addressed in Council institutions for years. This brings us back to the notion of government.[102] Although, as we have seen, the European Council has increasingly assumed the tasks of a European government, it has especially not behaved like such a government in this context; on the contrary, it has behaved like an assembly of states governed by traditional international law. The European Parliament can be given a similar diagnosis, at least for the EPP party group. Although elected as representatives of citizens of the Union, they also treated the events for which a member party was responsible as an internal affair until such was politically impossible.[103]

These observations regarding institutional failure do not banish the problem. On the contrary, they should make it clear how arduous it is to solve it. First and foremost, however, it is the Member States in their capacity as members of the European Council and the political groups in the European Parliament that are called upon here in their capacity as key factors in the European Parliament. The task facing them is not an easy one, but it cannot be adequately removed from their shoulders by setting up new judicial or administrative procedures: On the one hand, political institutions must arrive at a consensus and majority while preserving and maintaining the cohesion of the whole; on the other hand, they must draw a line when political parties threaten to abandon the normative foundations of European political union. Such a task is something quite different than applying laws and regulations. It presupposes genuine political judgement, the ability to make compromises and the organisation of a joint decision-making process involving all actors.

## V. OUTLOOK: THE FRAIL RESOLVE OF THE MEMBER STATES OF THE EUROPEAN FEDERATION

From Greek philosophy we are familiar with the problem of *acrasia*, weakness of the will. *Plato* claims that *Socrates* denies its very existence: *"No one who knows or believes that there is a better way to act than the way he is acting at the time would ever continue such action."*[104] *Aristotle* discusses this phenomenon on a more upbeat note in Nicomachean Ethics[105]. In contrast to Socrates' assertion, we are well acquainted with this from our daily lives. It is often the case that we know what we should do, including because it is good for us, but we do not do it nonetheless.

If one asks where the problem lies for the EU as a democratic federation today, a variety of social and political problems can be named. It is also apparent, as my reflections on the history of democratic federations are intended to show, that the crisis of the EU is a typical event that is to be expected from an institutional perspective. At the same time, however, it is also evident that some problems seem to involve less a conflict between pro-Europeans and Eurosceptics than they fall along a pattern in which European integration is desired on the one hand, but its direct consequences are rejected on the other – or vice versa.[106] We need not advocate monetary union, but if we do, we should not reject other measures that enhance coordination of economic policy. We do not have to open our borders before the legal deadlines for the free movement of workers set by the EU, but if we follow suit and do so like the British did, we should not then cite migration as a reason to leave the EU afterwards. We do not have to ride a high horse as a "community of values", but if we do, we must not cite practical constraints when we let refugees drown in the Mediterranean.

These are cases of preferences where we desire something, but do not want to accept the consequences. The same applies to our two examples. It is a legitimate question whether, from the point of view of the Member States, competences should be transferred to the EU or not, but if Member States do so, they cannot act like they should be perceived as politically responsible. This involves the problem of government.

It is a legitimate, unanswered question whether we want to interlink the levels of the Member States and EU in such a way that shortcomings in legitimacy at one level can leak into another one, but if we establish such interlinkages, then the Member States will no longer have any internal affairs that do not concern the Union when it comes to the question of political legitimacy. This is the crux of the problem in dealing with deviant Member States such as Poland and Hungary.

While democratic federations can not only cope with contradictory political logics governing different levels, but leverage them to generate a functioning political process out of teeming social diversity, this mechanism begins to falter when turned against itself. The different levels may then even start questioning each others' political legitimacy.

## VI. SUMMARY

Understanding the EU as a democratic federation may help to place the development of the EU in a comparative context while avoiding a teleological view of European integration. The political conflict between the various levels and the center is nothing particularly unusual. Nor is the further development of competences, accompanied, as it were, by a myriad of crises, or the impossibility of solving all conflicts over competences by laws, rules and regulations. Such a perspective is not only able to shed light on similarities between different federations – it can also help to highlight peculiarities. From this perspective, the reproduction of the government function in the EU is a specific and specifically problematic aspect. The lack of a convincing institutional solution for dealing with deviant Member States, on the other hand, would appear to be more common. The problem here is not so much the lack of a procedure as it is coping with the problem politically. It reflects a more general political sentiment in which Member States know that they need integration, but are reluctant to fully embrace this realisation.

*Hofstadter*, The Idea of a Party System, 1970, pp. 1 ff.; *Elkins/McKitrick*, The Age of Federalism, 1993, pp. 750 ff.

*Jefferson*, 1. Inaugural Address 1801, in: op cit., The Inaugural Adresses of President Thomas Jefferson, 1801 and 1805, 2001, p. 5.

This motto is part of the great seal of the United States and without being laid down in law served as motto until Congress replaced it with the official motto "In God we Trust" in 1956 (H. J. Resolution 396).

Regarding the motto of the EU in awareness of the limits of the symbolic construction, cf. *Haltern*, Europarecht, Vol. 2, 3rd ed. 2017, p. 559.

*Elkins/McKitrick*, The Age of Federalism, 1993, passim.

This ideal is explicitly formulated in the Federalist Papers, No. 10 (*Madison*) and 59 (*Hamilton*) – The Federalist, 2000, pp. 53 ff., pp. 378 ff.

For an overview, cf. *Stone/Seidman/Sunstein/Tushnet/Karlan*, Constitutional Law, 6th ed. 2009, pp. 189 ff.; specifically *Skowronek*, Building the New American State, 1982, pp. 121 ff.

*Skowronek*, Building the New American State, 1982, pp. 177 ff.; *Irons*, A People's History of the Supreme Court, 1999, pp. 294 ff.

*Bickel*, Least Dangerous Branch, 2nd ed. 1986, pp. 34 ff.; *Kramer*, The People Themselves, 2004, pp. 170 ff.; *Friedman*, The History of the Countermajoritarian Difficulty, Part One: The Road to Judicial Supremacy, New York University Law Review, Vol. 73, Issue 2 (May 1998), pp. 333 ff.

Dred Scott v. Sandford, 60 U.S. 393 (1857). To jurisprudence before civil war *Whittington*, Judicial Review of Congress Before the Civil War, The Georgetown Law Journal, Vol. 97, pp. 1257 ff.

*Meachum*, American Lion: Andrew Jackson in the White House, 2008, pp. 177 ff.

On the history, cf. *van Middelaar*, The Passage to Europe, 2013, pp. 100 ff., 181 ff.; *Schorkopf*, The European Way, 2nd ed. 2015, pp. 93 ff.

Legal act ultra vires, cf. Federal Constitutional Court 89, 155 (188); on the legal insufficiency of this figure, cf. *Möllers*, State as Argument, 2nd ed. 2011, pp. 386 f.; *Sauer*, Staatsrecht III, 4th ed. 2016, pp. 176 ff.

Cf. for example *Calhoun*, Report Prepared for the Committee on Federal Relations of the Legislature of South Carolina, at its Session in November, 1831, in: op cit., The Works of John C. Calhoun, v. 6, 1888, pp. 54 ff. On the conflict also *Meachum*, American Lion: Andrew Jackson in the White House, 2008, pp. 184 ff.

Cf. on this already *Möllers*, Krisenzurechnung und Legitimationsproblematik in der Europäischen Union, Leviathan 43:3 (2015), pp. 339 (352 ff.); op cit., Constitutional State of the European Union, in: Sagittarius, Globalisation and Governance, 2018, pp. 243 (245 ff.).

U.S. history was already marked by consolidation into two camps early on, whereby the notion of an opposition gained currency only slowly, cf. *Hofstadter*, The Idea of a Party System, 1970, pp. 212 ff.

For British constitutional issues, cf. *Douglas-Scott*, Brexit, Article 50 and the Contested British Constitution, Modern Law Review, Volume 79, Issue 6, November 2016, pp. 1019 ff.; *Loughlin/Tierney*, The Shibboleth of Sovereignty, Modern Law Review, Vol. 81, Issue 6, November 2018, p. 989 (1013); on questions of Union law *Skouris*, Brexit: Rechtliche Vorgaben für den Austritt aus der EU, EuZW 2016, 806.

https://en.wikipedia.org/wiki/Results_of_the_2016_United_Kingdom_European_Union_membership_referendum, last accessed on 27 May 2019.

For the importance of voters in British constitutional law under the doctrine of the sovereignty of Parliament, cf. *Dicey*, Introduction to the Study of the Law of the Constitution, 1915, p. 29; *Ewing*, Brexit and Parliamentary Sovereignty, Modern Law Review, Volume 80, Issue 4, pp. 711 ff.; *Loughlin/Tierney*, The Shibboleth of Sovereignty, Modern Law Review, Vol. 81, Issue 6, November 2018, p. 989 (1013).

This is particularly tangible in the so-called Midlothian Question, i. e. the fact that Scottish and Welsh citizens are doubly represented, and thus at the same time decide on issues that only concern English people, see *Gay*, The West Lothian Question, House of Commons Library SN/PC/2586, 26 June 2006.

On this cf. *McCrudden/Halberstam*, Northern Ireland's Supreme Court Brexit Problem (and the UK's too), U.K. Const. L. Blog (21st Nov. 2017); Miller and Northern Ireland: A Critical Constitutional Response, The UK Supreme Court Yearbook, Volume 8, December 2017; U of Michigan Public Law Research Paper No. 575; Queen's University Belfast Law Research Paper No. 2018-3.

Cf. along these lines *Ibler*, in: Maunz/Dürig, Grundgesetz-Kommentar, 85th EL Nov. 2018, Art. 87, recital 213.

Cf. pursuant hereto *Halberstam*, Federalism: Theory, Policy, Law, in: Rosenfeld/Sajó (ed.), The Oxford Handbook of Comparative Constitutional Law, 2012, p. 576 (578).

*van Middelaar*, The Passage to Europe, 2013, p. 44.

On the following, cf. Nicolaidis/Howse (ed.), The Federal Vision: Legitimacy and Levels of Governance in the United States and the European Union, 2001; *Beaud*, Föderalismus und Souveränität, Der Staat 35 (1996), pp. 45 ff.; *Schönberger*, AöR 129 (2004), p. 81; *Schütze*, European Constitutional Law, 2nd ed. 2016, pp. 62 ff.

*Schmitt*, Verfassungslehre, 10th ed. 2010, pp. 374, 378 (on sovereignty in the federation); *Schönberger*, AöR 129 (2004), p. 81; *Beaud*, Théorie de la Fédération, 2007, pp. 58 ff.

Thus holds the Federal Constitutional Court BVerfGE 89, 155 (190 ff.) regarding the confederation of states and limited individual authorisation: *Kirchhof*, Der europäische Staatenverbund, in: v. Bogdandy/Bast (ed.), Europäisches Verfassungsrecht, 2009, pp. 1009 ff.; for a different view, cf. *Oeter*, Souveränität und Demokratie als Probleme in der "Verfassungsentwicklung" der Europäischen Union, in: ZaöRV 55 (1995), pp. 659 (685 ff.).

*Möllers*, Die drei Gewalten, 2nd ed. 2015, p. 137. For doubts regarding the relevance of the concept of sovereignty in this context, cf. *Frowein*, Verfassungsperspektiven der Europäischen Gemeinschaft, EuR 1992, Beiheft 1, 63, 65 (67).

Pursuant hereto, cf. *Möllers*, Verfassung – verfassunggebende Gewalt – Konstitutionalisierung, in: v. Bogdandy/Bast (ed.), Europäisches Verfassungsrecht, 2nd ed. 2009, p. 227; in general terms, cf. in principle: *Bellamy*, Political Constitutionalism, 2007, pp. 120 ff.

On unitary development, cf. *Oeter*, Integration und Subsidiarität im deutschen Bundesstaatsrecht, 1998, pp. 143 ff.

After the failure of President F. D. Roosevelt's "court-packing plan", the Supreme Court arrived at a broader understanding of federal competence beginning with National Labor Relations Board v. Jones & Laughlin Steel Corporation, 301 U.S. 1 (1937), in particular the Commerce Clause.

*Kingreen*, Fundamental Freedoms, in: v. Bogdandy/Bast (ed.), Europäisches Verfassungsrecht, 2nd ed. 2009, pp. 705 (715 ff.); *Schütze*, Europäisches Verfassungsrecht, pp. 225 ff.

*Maduro*, We, the Court, 1998, pp. 150 ff.

*Möllers*, Verfassung – verfassunggebende Gewalt – Konstitutionalisierung, in: v. Bogdandy/Bast (ed.), Europäisches Verfassungsrecht, 2nd ed. 2009, pp. 227 (238 ff.).

*Hallstein*, Europäische Reden, 1979, p. 109, p. 343.

On this development, cf. only *Rittberger*, Constructing Parliamentary Democracy in the European Union: How Did It Happen?, in: Kohler-Koch/Rittberger (ed.), Debating the Democratic Legitimacy of the European Union, 2007, pp. 111 ff.; on political decision-making in Parliament, cf. *Dann*, Die politischen Organe, in: v. Bogdandy/Bast (ed.), Europäisches Verfassungsrecht, 2nd ed. 2009, pp. 335 (363 ff.).

On the term *Möllers*, Verfassung – verfassunggebende Gewalt – Konstitutionalisierung, in: v. Bogdandy/Bast (ed.), Europäisches Verfassungsrecht, 2nd ed. 2009, p. 227 (265 ff.).

Below, IV.1.

*Möllers*, Multilevel Democracy, ratio iuris, Vol. 24, No. 3, September 2011, p. 247.

On the concept of government: *Goodnow*, Government and Administration, 2003, p. 17; *Jarass*, Politik und Bürokratie als Elemente der Gewaltenteilung, 1975, p. 87.

The main dilemma is that international organisations are supposed to serve the purpose of making something independent of nation-states, but nation-states do not want to waive checking and controlling international organisations in order to prevent this independence: *Klabbers*, An Introduction to International Institutional Law, 2015, pp. 41 ff.

*Klabbers*, An Introduction to International Institutional Law, 2015, p. 211; *Schermers/ Blokker*, International Institutional Law, 4th ed. 2006, pp. 34 ff.; *Ruffert/Walter*, Institutionalisiertes Völkerrecht, 2nd ed. 2015, p. 117.

Möllers, Verwaltungsrecht und Politik, in: v. Bogdandy/Cassese/Huber (ed.), Ius Publicum Europaeum, volume V: Verwaltungsrecht in Europa: Grundzüge, p. 1175 (1191).

*Fassbender*, Der offene Bundesstaat, 2007, p. 211.

See Art. 167, § 3 of the Belgian Constitution.

Cf. Art. 23, section 6 of the Basic Law, cf. in addition *Wollenschläger*, in: Dreier (ed.), Grundgesetz-Kommentar, Vol. 2, 3rd ed. 2015, Art. 23, recital 152 ff.

The Federalist, 2000, p. 266.

*van Middelaar*, The Passage to Europe, 2013, p. 16.

*Schorkopf*, Der europäische Weg, 2nd ed. 2015, pp. 41 ff.

*Schorkopf*, Der europäische Weg, 2nd ed. 2015, pp. 161 ff.

*van Middelaar*, The Passage to Europe, 2013, p. 56.

COM/85/0310 ENDG.

More positive: *van Middelaar*, The Passage to Europe, 2013, pp. 77 ff.

On their importance and the value of informal intergovernmentalism in the EU, cf. *Kleine*, Informal Governance in the European Union, 2013, pp. 133 ff.

*Craig*, The Lisbon Treaty: Law, Politics, and Treaty Reform, 2010, pp. 81 ff.

Cf. also *Dann*, Die politischen Organe, in: v. Bogdandy/Bast (ed.), Europäisches Verfassungsrecht, 2nd ed. 2009, pp. 335 (363 ff.).

Cf. Art. 241 TFEU, on this cf. *Nettesheim*, in: Grabitz/Hilf/Nettesheim, Das Recht der Europäischen Union, 66. EL February 2019, TFEU Art. 241, recital 1 ff.

On government functions cf. *Mössle*, Regierungsfunktionen des Parlaments, 1985, pp. 96 ff.

*Möllers*, The European Banking Union: A Case of Tempered Supranationalism?, in: Grundmann/Micklitz, The European Banking Union and Constitution, 2019, pp. 205 ff.

Comparative, generalising cf. *Beaud*, Théorie de la Fédération, 2007, pp. 58 ff.

Möllers, Krisenzurechnung und Legitimationsproblematik in der Europäischen Union, Leviathan 43:3 (2015), pp. 339 (352 ff.).

The fact that this structure cannot be reformed because so many actors benefit from it has been much described in comparative research on federalism. Cf. *Scharpf*, Die Politikverflechtungs-Falle: Europäische Integration und deutscher Föderalismus im Vergleich, Politische Vierteljahresschrift 26 (1985), p. 323.

The President of the European Commission, Mr. Juncker, stated at the beginning of his speech on the state of the Union in 2015: "I am the first President of the Commission whose nomination and election is the direct result of elections to the European Parliament held in May 2014." (last accessed on 4 June 2019 at https://ec. europa.eu/commission/publications/state-union-2015-european-commission-president-jean-claude-juncker_en). On this, cf. Hartlapp/Lorenz, Die Europäische Kommission ein (partei-)politischer Akteur? Leviathan 43 (2015), p. 64. "I conducted the election campaign as a genuine lead candidate – this now enables me to be a political president as well." On the politicisation of the Commission, cf. also *Haltern*, Europarecht, Vol. 1, 3rd ed. 2017, p. 108.

See Art. 17 TEU.

On the history of the German political party system, cf. *Lehmbruch*, Parteienwettbewerb im Bundesstaat, 2000. On current problems, cf. *Meinel*, Vertrauensfrage 2019, pp. 135 ff.

*Hangartner*, Grundzüge des schweizerischen Staatsrecht, B. 1, 1980, pp. 1123 f.

*Biaggini*, Switzerland, in: v. Bogdandy/Cruz Villalón/Huber (ed.), Ius Publicum Europaeum Vol. 1, 2007, p. 565 (600).

White Paper on the Future of Europe, COM(2017) 2025, 1 March 2017.

Art. 17 para. 2 TEU, in addition, cf. *Haltern*, Europarecht, Vol. 1, 3rd ed. 2017, pp. 1227 ff.

For a critical opinion, cf. *Scharpf*, Political legitimacy in a non-optimal currency union, in: v. Cramme/Hobolt (ed.), Democratic politics in a European Union under stress, 2014, p. 19 (39).

Art. 17, section 1, pp. 12, 3 TEU, cf. in addition *Haltern*, Europarecht, Vol. 1, 3rd ed. 2017, pp. 1249 ff.

Möllers, Krisenzurechnung und Legitimationsproblematik in der Europäischen Union, Leviathan 43:3 (2015), pp. 1339 (341 ff.).

Above, footnote 49.

Cf. *Bauerschmidt*, Die Rechtsperson der Europäischen Union im Wandel, 2019, pp. 1263 ff.

Art. 28 of the Basic Law; V US const.; Art. 51 of the Swiss Federal Constitution, in addition cf. *Dreier,* in: Dreier (ed.), Grundgesetz-Kommentar, Vol. 2, 3rd ed. 2015, Art. 28, para. 31 ff. from a comparative legal perspective, para. 49 ff. pursuant to the Basic Law.

Thus this is already the thesis in *Mayer*, Monarchischer und demokratischer Bundesstaat, AöR 18 (1903), pp. 1337 (351, 363 f.), admittedly as argument against the parliamentaryisation of the Empire, in addition cf. *Möllers*, Der parlamentarische Bundesstaat – Das vergessene Spannungsverhältnis von Parlament, Demokratie und Bundesstaat, in: Aulehner et al. (ed.), Föderalismus – Auflösung oder Zukunft der Staatlichkeit? p. 81 (87 f.).

*Biaggini*, Schweiz, in: v. Bogdandy/Cruz Villalón/Huber (ed.), Ius Publicum Europaeum Vol. 1, 2007, p. 565 (569).

For the previous history leading up to foundation of the Empire, cf. *Nipperdey*, Deutsche Geschichte, 1866-1918, Vol. 1, 1993, pp. 134 ff.

On the following as well, cf. *Möllers/Schneider*, Demokratiesicherung in der EU, 2018, pp. 118 ff.

In my opinion, this is one of the problems in using the distinction between the federal state and the confederation of states that emerged in 19th century Germany to describe federations and to supposedly make this a general criterion for the foundation of a political community. On this cf. *Schönberger*, AöR 129 (2004), p. 81.

On the failure of the Constitutional Treaty, cf. *Haltern*, Europarecht, Vol. 1, 3rd ed. 2017, pp. 195 ff.

For mandatory conformity with the Constitution in accordance with Art. 37 of the Basic Law with citations, cf. *Bauer*, in: Dreier (ed.), Grundgesetz-Kommentar, Vol. 2, 3rd ed. 2015, Art. 37, section 7 ff.; *Shirvani*, Die Bundes- und Reichsexekution in der neueren deutschen Verfassungsgeschichte, Der Staat 50 (2011), p. 102.

On this cf. *Schorkopf*, Der europäische Weg, 2nd ed. 2015, p. 49; *Möllers/Schneider*, Demokratiesicherung in der EU, 2018, pp. 138 ff.

*Möllers/Schneider*, Demokratiesicherung in der EU, 2018, pp. 140 ff.

On the procedure, cf. *Ruffert*, in: Calliess/Ruffert (ed.), EUV/AEUV, 5th ed. 2016, Art. 7 EUV; *Möllers/Schneider*, Demokratiesicherung in der EU, 2018, pp. 145 ff.

*Becker*, in: Schwarze, EU-Kommentar, 3rd ed., Baden-Baden 2012, Art. 7 EU Treaty, recital 4 f.; *Pechstein*, in: Streinz, EUV/AEUV, 2nd ed., Munich 2012, Art. 7 EU Treaty, recital 7; *Ruffert*, in: Callies/Ruffert, EU Treaty/AFEU, 5th ed., Munich 2016, Art. 7 EU Treaty, recital 8 ff. *Voßkuhle*, Die Idee der Europäischen Wertegemeinschaft, Thyssen Lecture 2017, pp. 130 ff., for criticism of the norm, cf. *Möllers/Schneider*, Demokratiesicherung in der EU, 2018.

*Hilf/Schorkopf*, in: Grabitz/Hilf/Nettesheim, Das Recht der Europäischen Union, 66. EL February 2019, EUV, Art. 2, recitals 46, 47.

Communication from the Commission to the European Parliament and the Council, A new EU framework to strengthen the rule of law, COM(2014) 158 final; on this and on activation, cf. *Haltern*, Europarecht, Vol. 1, 3rd ed. 2017, p. 108.

*Müller*, Safeguarding Democracy inside the EU. Brussels and the Future of the Liberal Order, Transatlantic Academy Paper Series, No. 3, 2013; Should the EU protect democracy and the rule of law inside Member States?, European Law Journal Vol. 21 (2), p. 141; The Commission gets the point – but not necessarily the instruments, VerfBlog, 2014/3/15; *Scheppele*, Enforcing the Basic Principles of EU Law through Systemic Infringement Actions, in: Closa/Kochenov (ed.), Reinforcing the Rule of Law Oversight in the European Union, 2016, p. 105; *Scheppele/Pech*, Is There A Better Way Forward?, VerfBlog, 2018/3/10.

For Hungary: Venice Commission, Opinion No. 614/2011 on three legal questions arising in the process of drafting the new constitution of Hungary, 28 March 2011; Opinion No. 621/2011 on the new constitution of Hungary, 20 June 2011; Opinion No. 720/2013 on the fourth amendment to the fundamental law of Hungary, 17 June 2013; for Poland: Venice Commission, Opinion No. 833/2015 on constitutional issues addressed in amendments to the Act on the Constitutional Court of 25 June 2015 of Poland; Opinion 860/2016 on the act on the Constitutional Tribunal; Opinion 904/2017 on the Draft Act amending the Act on the National Council of the Judiciary; on the Draft Act amending the Act on the Supreme Court, proposed by the President of Poland; and on the Act on the organisation of Ordinary Courts.

ECJ, ruling handed down on 6 November 2012, Case C-286/12, Commission v. Hungary, with additional references *Möllers/Schneider*, Demokratiesicherung in der EU, 2018, pp. 156 ff.

See *v. Bogdandy/Ioannidis*, Das systemische Defizit, ZaöRV 74 (2014), p. 283 (309 ff.).

*Orbán*, Speech at the 29th Bàlványos Summer Open University and Student Camp, https://www.kormany.hu/en/the-prime-minister/the-prime-minister-s-speeches/ prime-minister-viktor-orban-s-speech-at-the-29th-balvanyos-summer-open-university-and-student-camp, most recently accessed on 27 May 2019.

*Möllers/Schneider*, Securing Democracy in the EU, 2018, pp. 199 ff.

Above, II.2.

Cf. as an attempt to link resources and the rule of law the proposal for a Regulation of the European Parliament and of the Council on the protection of the Union budget in the event of general shortcomings in the rule of law in the Member States, 2018/0136 (COD).

ECJ, ruling handed down on 27 February 2018, Case C-64/16, cf. the analysis by *Bonelli/Klaes*, Judicial Serendipity, European Constitutional Law Review, Volume 14, Issue 3 September 2018, p. 622-643; *Brauneck*, Rettet die EU den Rechtsstaat in Polen? NVwZ 2018, p. 1423 (1426); *Gärditz*, Institutioneller Respekt und unabhängige Justiz, DRiZ 2019, p. 134.

Case C-619/18; cf. the decision in interim proceedings from 17 December 2018 and the Opinion of the Advocate General from 11 April 2019 in the main proceedings.

ECJ, ruling handed down on 27 February 2018, Case C-64/16.

On the project for a new Hungarian court jurisdiction, which has apparently now been abandoned, cf. *Kazai*, Administrative Judicial Reform in Hungary: Who Gives a Fig about Parliamentary Process?, VerfBlog, 2019/5/01.

*Hilf/Schorkopf*, in: Grabitz/Hilf/Nettesheim, Das Recht der Europäischen Union, 66. EL February 2019, EUV Art. 2, recitals 8 ff.

Above, III.2.

For the observation of silence for party reasons, cf. *Müller*, Die EU als wehrhafte Demokratie, oder: Warum Brüssel eine Kopenhagen-Kommission braucht, VerfBlog, 2013/3/13.

*Platon*, Protagoras 358b-c, for modern doubts, cf. *Davidson*, How Is Weakness of the Will Possible?, in: op cit., Essays on Actions and Events, 2nd ed. 2001, pp. 121 ff.

*Aristotle*, Nikomachische Ethik, 2006, pp. 1193 ff. (Book VII 1-11).

*Möllers*, Krisenzurechnung und Legitimationsproblematik in der Europäischen Union, Leviathan 43:3 (2015), pp. 1339 (340, 356).

# THYSSEN
## LECTURES

2017 — 2021

**THE EU AS A COMMUNITY OF EUROPEAN LAW AND VALUES**

VOLUME 1 | **ANDREAS VOßKUHLE**
The Idea of the European Community of Values

VOLUME 2 | **IVAN KRASTEV**
Is Europe Failing? On Imitation and Its Discontents

## LEGAL NOTICE

Coordination: Dr. Thomas Suermann, Fritz Thyssen Stiftung

Overall layout: André & Krogel, Gitti Krogel, Hamburg

Proofreading and editing: Renate Da Rin, Köln

Production: Das Druckhaus, Korschenbroich


Printed in Germany 978-3-926397-43-0

© 2019 Fritz Thyssen Stiftung


Verlag der Buchhandlung Klaus Bittner, Köln